MANUEL DE CUISINE POPULAIRE

PRÉFACE DE JÉRÔME BONALDI

Éric Roux pour l'Association Nationale
de Développement des Épiceries Solidaires

MANUEL DE CUISINE POPULAIRE

PRÉFACE DE JÉRÔME BONALDI

MENUFRETIN

Merci à Christine, Paul et Annette d'avoir goûté et critiqué pendant de nombreuses années leur nourriture quotidienne.
Merci à Nathalie P. pour avoir franchement tapoté quand l'énergie était trop vague.

Dépôt légal : novembre 2010
ISBN : 978-2-917008-15-7
Numéro d'édition : 0016

Textes : Éric Roux
Edition : Émilie Morin

Direction : Laurent Seminel
1, place du Jeu-de-Paume
28320 Gallardon
France
Tél. : 0237909524
contact@menufretin.fr
www.menufretin.fr

Impression : Chauveau (Chartres)

De la saison on n'est pas seulement tributaire mais redevable, on la subit mais on l'aime, et on lui rend grâce.

Jean-Paul Aron, *Le Mangeur du* XIX*e siècle*

PRÉFACE

Ceci n'est pas un livre de recettes. C'est beaucoup plus que cela.

Car, plus que de savoir faire à manger, la cuisine est le terreau fertile des relations humaines. En cuisinant pour les autres, en partageant son repas, on discute (beaucoup), on échange (surtout), on rit (souvent), on pleure (parfois)... bref, on vit.

Il était logique que l'A.N.D.E.S. soit à l'initiative de ce drôle d'ouvrage. Parce que notre but est bien que les produits alimentaires passent de l'épicerie à la cuisine, que chacun ait les moyens de choisir, de redevenir « consomacteur », de décider du menu.

Ce livre va vous donner l'envie d'inventer, la fierté de créer, le plaisir d'en faire profiter les autres et de partager. Il va vous donner envie d'avoir envie.

Vous verrez que dans les rayons des Épiceries Solidaires, comme au fond des casseroles, il y a de la convivialité, du lien social, une culture partagée, de la générosité, de la solidarité, du plaisir...

Des mots forts avec des choses toutes simples.

Plus encore qu'un manuel de cuisine populaire, c'est un manuel de savoir vivre, ensemble.

Jérôme Bonaldi
Président de l'A.N.D.E.S.

AVANT-PROPOS

L'A.N.D.E.S (Association Nationale de Développement des Épiceries Solidaires) est née il y a 10 ans de la réunion de quelques personnes de la société civile autour de deux chiffres et d'une question.

Les deux chiffres: 7,9 millions de pauvres en France, dont 3 millions dépendent, exclusivement ou en partie, de l'aide alimentaire pour manger.

Et la question: cette « frange » de la population était-elle – est-elle toujours – destinée à rester à la marge de la société et à se nourrir, bon an mal an, de colis, de conserves et des soupes populaires ? À être les ultimes bénéficiaires d'une chaîne de dons, de récupération, de déstockage, de collectes ? Les bouches muettes et reconnaissantes nourries au gré de la générosité publique ?

Le manque de nourriture est le stigmate le plus visible de l'exclusion: parce que manger est un besoin vital, évidemment; et surtout parce que la cuisine est, dans toutes les cultures, un acte fondamental de générosité et de réunion. L'expression d'une liberté et d'une identité dans l'un des gestes les plus quotidiens de la vie. Le don d'un peu de soi et de ses ressources pour faire honneur à ses convives. Le partage d'une envie et la transmission d'un savoir-faire.

C'est un principe qui nous est cher et qui est au fondement des épiceries solidaires: « donner à choisir, c'est permettre d'être. » La liberté, même quand elle est contrainte par un manque de ressources, peut s'exprimer quand les Hommes, les « clients » de ces structures, sont considérés comme des acteurs de leur alimentation et plus seulement comme les « bénéficiaires » d'un don humanitaire. Parce qu'ils peuvent choisir tel ou tel produit, en fonction de leurs goûts, de leur culture, de leur envie du moment. Parce qu'enfin, même si bien souvent les difficultés quotidiennes ou le manque de savoir-faire étouffent l'envie de cuisiner, il suffit de quelques astuces pour s'en sentir capable et fier.

C'est pour transmettre ce savoir et permettre cette liberté que l'A.N.D.E.S. a fait le pari un peu fou de publier un manuel de cuisine qui ne soit pas un livre de recettes. Pour partir de la réalité, et non de l'idéal; de ce qui se trouve en désordre dans les placards plutôt que d'une batterie d'ingrédients bien rangés.

Ce livre est destiné à tous ceux qui, à un moment ou à un autre, ont eu la mine déconfite en ouvrant la porte du frigo.

C'est un canevas à partir duquel chacun doit broder.

Il est dédié à tous ceux qui veulent mettre de la simplicité et de la créativité dans leur cuisine, en partant des bases.

Il rend hommage aux personnes qui, dans les épiceries solidaires, œuvrent tous les jours pour redonner l'envie à d'autres.

Éric Roux défend avec passion, et depuis de nombreuses années, un rapport à l'alimentation fait de plaisir, d'imagination et de convivialité, celui qui fonde également l'action de l'A.N.D.E.S. depuis sa création.

Ce fut une rencontre sur le fond mais surtout une rencontre humaine qui ne pouvaient déboucher que sur une aventure commune, celle du *Manuel de cuisine populaire*.

S'il vous séduit, vous rend service, vous redonne le goût d'accommoder les restes et de vivre avec les produits de saison, plutôt que de le prêter (car on ne doit jamais se dessaisir d'un livre que l'on aime), offrez-le, achetez-le, faites-en le best-seller de l'année! Vous contribuerez ainsi, tout en vous faisant plaisir, à soutenir l'action des épiceries solidaires en France, chaque vente apportant 1 euro à l'A.N.D.E.S.

Guillaume Bapst
Directeur de l'A.N.D.E.S.

INTRODUCTION

Rien de plus simple que de cuisiner. Certes, il faut manger pour vivre, mais nous vivons mieux en le faisant avec plaisir. Cuisiner, c'est offrir aux autres, à ses amis, à ses proches.

Avouez que c'est une chose remarquable que de poser un plat sur la table et de se dire : « nous allons nous régaler. » Nous régaler du plat et des paroles qu'il fera naître. Vous savez, ce contentement, après la première assiette, quand le corps se relâche un peu ou quand un sourire léger passe sur les visages et où, d'un regard heureux, nous nous disons : « ce n'est pas si compliqué de bien manger. »

Nous pourrions limiter la cuisine à un propos sérieux, accumulant les recettes avec leurs petits régiments d'ingrédients bien rangés. Mais une recette à suivre à la lettre fait toujours un peu peur.

Bien au contraire, toute recette est faite pour être malmenée, transformée et surtout adaptée à l'instant, à la saison.

La manière dont nous avons choisi d'organiser et de présenter les recettes de ce manuel est faite pour vous laisser le maximum de liberté. Trafiquez, transformez, interprétez mais faites à manger, sacrebleu !

Débarrassons-nous de ce qui fait peur en cuisine. La cuisine est exactement comme ces petites poupées russes qui s'emboîtent les unes dans les autres : d'une technique toujours simple à comprendre, nous pouvons réaliser plusieurs plats. Et de chaque plat, nous pouvons faire de nouveaux plats. L'économie, la prévision et l'utilisation des restes sont l'une des nécessités de la cuisine. Comme un jeu de construction, mon envie de cuisiner pour le plaisir me fait choisir tel produit disponible et de saison, provoquant la petite musique de la gourmandise. C'est ce produit qui me parle et non pas moi qui exige de lui.

Viens là mon petit poulet ou ma jolie carotte, tu vas voir ce que nous allons faire ensemble.

Oui, la cuisine est simple et il faut la faire pour le plaisir. Ainsi, nutrition, équilibre, économie, saison s'associent comme une évidence, comme une nécessité.

Ce qui peut arriver de plus terrible à un livre de cuisine, c'est certainement de finir sur une étagère, bien rangé. La vie d'un *Manuel de cuisine populaire*, au contraire, a pour but ultime d'être taché, écorné, malmené. Parce qu'il sert. Le manuel doit être tordu, feuilleté, annoté comme un matériel éminemment pratique. Une sorte de compagnon du quotidien, présent pour aider à composer un repas mais pouvant aussi vous accompagner pour vos courses.

Vous aurez compris que les Épiceries Solidaires, en faisant ce *Manuel de cuisine populaire*, ne sont pas seulement des fournisseurs de produits alimentaires mais bien des actrices de nos comportements alimentaires. Faire à manger n'est pas seulement répondre à un besoin de nourriture. Non, faire à manger est aussi et surtout une source de plaisir, de partage, de santé. Cuisiner et manger donnent à choisir. Choisir c'est aiguiser son savoir, son sens critique et son envie. Par cette activité éminemment quotidienne, trop souvent limitée à un train-train fastidieux ou à des tendances suivant la mode, c'est une prise de pouvoir qui se dessine.

Découvrir les cultures qui composent notre pays aujourd'hui, choisir suivant notre porte-monnaie et la saison, cuisiner pour le plaisir de mon entourage, prévenir ma santé, c'est tout ça cuisiner avec le *Manuel de cuisine populaire*.

Ainsi, la cuisine devient bien plus que des recettes. Heureusement pour nous.

Toute recette est faite pour être malmenée, transformée et surtout adaptée à l'instant, à la saison.

MODE D'EMPLOI

À la lecture d'une recette, on a souvent un peu la trouille en se demandant si nous avons tous les ingrédients. Zut je n'ai pas le persil frisé. Re-zut je croyais qu'il me restait des carottes.

Bien souvent, la joie que vous aviez à réaliser une recette s'arrête à sa lecture. Et oui, face à ce satané régiment d'ingrédients marchant au pas, vous vous dites : « il en manque un : tout est fichu. » Ce serait dommage de stopper notre envie de cuisiner pour un stupide ingrédient manquant.

C'est pour cela que dans notre petit manuel, nous commencerons toujours par une technique simple de recette, de cuisson, de préparation. Nous nourrirons chacune de ces techniques par les ingrédients presque indispensables et disponibles toute l'année, les ingrédients essentiels pour donner du caractère à notre recette ; et aussi tout ce qui n'est pas du tout nécessaire mais tellement formidable pour rendre notre recette remarquable. Il va vous falloir jouer avec la technique de base. Le but du jeu est de ne jamais, au grand jamais, vous donner l'impression que vous n'arriverez pas à faire quelque chose de délicieux.

Six chapitres, six techniques de base, six modèles de base. Chacun de ces chapitres, chacune de ces techniques de base, vous donne le principe de cuisson, le choix des ingrédients, leur découpe, le matériel nécessaire et la présentation. Ensuite, vous n'avez plus qu'à associer les différents éléments des produits nécessaires au type de recette que vous avez choisi et, très sincèrement, il n'y a aucune raison pour que le résultat final n'épate pas vos convives.

Et le prix dans tout ça ? La saison n'est pas seulement indispensable pour manger des produits au meilleur de leur forme mais aussi pour les trouver au moment où ils sont les plus abondamment produits, donc les moins chers. À ce petit jeu de l'offre et de la demande dû à la production, il faut aussi ajouter nos habitudes culturelles. Par exemple, l'agneau, très demandé pour certaines fêtes religieuses, est bien plus cher au moment de ces fêtes (Pâques, Aïd El kebir, Pessah...). Ce même agneau, une fois ces fêtes passées, retrouvera un prix nettement plus abordable. De même, un agneau n'est pas fait que de côtelettes et de gigots : épaule, épigramme, collier sont nettement moins demandés donc nettement moins chers. Pour donner un autre exemple, l'envie des tomates au mois de juin peut être compréhensible mais, bien souvent, elles sont à peine en production. Le prix le plus bas des tomates se trouve au sommet de cette production, c'est-à-dire fin août et tout septembre – le moment de faire sans doute des soupes ou des sauces à congeler. Bien sûr, dans chacune de nos propositions de recettes, nous vous donnerons le maximum de renseignements pour choisir les meilleurs produits au meilleur prix.

Il va vous falloir jouer avec la technique de base.
Le but du jeu est de ne jamais,
au grand jamais, vous donner l'impression
que vous n'arriverez pas à faire quelque chose de délicieux.

COMMENT UTILISER CE LIVRE ?

Des pas à pas en photos pour bien visualiser le mode d'emploi.

LA TECHNIQUE DU RÔTI

LA GUERRE DU FEU

LE MODE D'EMPLOI

Il présente et explique la technique de façon simple et pédagogique.

LES VIANDES

LES LÉGUMES DE BASE

LES AUTRES LÉGUMES

LES PRODUITS

Partie encyclopédique du livre, cette séquence permet de connaître les produits les plus appropriés à chaque technique.

Récapitulons : nous avons une technique avec son procédé, sa cuisson, ses découpes et sa présentation, nous avons à chaque fois plusieurs types de produits à utiliser et à associer et, enfin, les propositions pour organiser tout ça.

LES MODÈLES

Ce sont les applications pratiques du mode d'emploi sous forme de recettes simples et peu coûteuses.

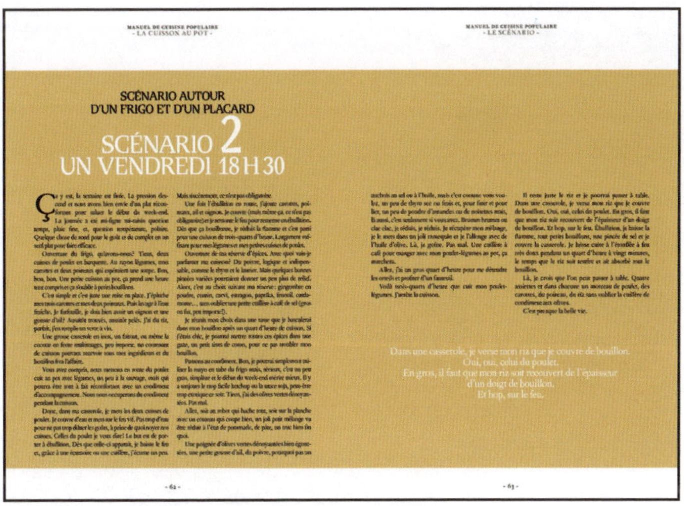

LES SCÉNARIOS

Pour boucler les chapitres, les scénarios proposent des cas concrets mettant en scène la technique du chapitre.

Ah, la Soupe !

Ce devrait être un cri : « à la soupe ! »

Elle réchauffe le corps, nourrit l'esprit et laisse des moustaches aux gourmands. Elle permet d'introduire dans notre alimentation une jolie petite collection de ces satanés légumes tant conseillés.

La soupe, c'est aussi un plat pratique. En en préparant une grande quantité, vous avez un plat juste à réchauffer pour plusieurs jours.

Prend-elle du temps ? Des légumes à éplucher, à laver, à couper en morceaux et à faire cuire dans de l'eau à petits bouillons pendant une grosse demi-heure. Allez, au total une heure de préparation. Vous vous y mettez à 18h30, à 19h30 vous passez à table. Et c'est tellement simple.

Mais surtout la soupe est variée. Propre à suivre les saisons et tous les légumes de la création, elle peut aussi accueillir des éléments solides pour lui donner le relief nécessaire à notre plaisir.

Enfin, la soupe chaude réconforte le corps et l'esprit de septembre à avril et les soupes froides rafraîchissent le creux des reins et la pensée en été.

« Trempé comme une soupe », dit-on lorsque l'on s'est fait mouiller par la pluie ? Le mot soupe, d'origine germanique, désignait au Moyen Âge une tranche de pain que l'on mouillait de bouillon.

AH, LA SOUPE !

LA TECHNIQUE DE LA SOUPE
LE GRAND PLONGEON

Faire une soupe est l'une des choses les plus simples à faire en cuisine. Choisissez des légumes. Pelez ces légumes. Découpez-les en morceaux et mettez-les dans une casserole. Ajoutez de l'eau pour recouvrir complètement les légumes et une cuillère à café de gros sel. Mettez sur le feu et portez à ébullition sur un feu vif. À ébullition, baissez le feu pour entretenir de petits bouillons. Laissez cuire (environ une demi-heure) jusqu'à ce que les légumes soient bien tendres. Vous pouvez vérifier cette tendresse en goûtant un légume, en testant sa cuisson avec la pointe d'un couteau ou en l'écrasant sous une fourchette. Il doit être tendre, bien tendre. À ce stade, vous pouvez manger la soupe avec les morceaux ou la passer au mixeur (ou au moulin à légumes) pour en faire une soupe passée, aussi appelée velouté (voir page 24).

Petits bouillons : c'est une légère ébullition. Juste un petit bloublou qui maintient le liquide dans une cuisson douce.

Passer : filtrer un bouillon, une sauce, une soupe qui demandent à être très lisses.

LES ÉTAPES

1
Épluchez, coupez et lavez les légumes.

2
Recouvrez d'eau, ajoutez le sel et faites cuire à petit feu durant une demi-heure

3
Vérifiez la cuisson et mixez le tout. C'est prêt !

Les quantités

Pour réaliser quatre assiettes de soupe, il faut deux grosses carottes, deux pommes de terre et deux poireaux. Pour cette quantité de légumes, comptez une petite cuillère à café de sel. Recouvrez d'eau, pensez toujours qu'il vaut mieux avoir une soupe un peu épaisse plutôt que trop liquide. Vous pourrez toujours ajouter en fin de cuisson un peu de liquide (eau, lait, crème ou bouillon) pour la diluer.

La découpe des légumes

Première chose à savoir : plus vous les coupez petits, plus ils cuisent vite.

Si vous souhaitez réaliser une soupe avec morceaux, soignez la forme des morceaux. Des petits cubes d'environ 1 cm de côté semblent les plus adaptés, mais c'est un peu long à couper. Le plus rapide est de miser sur une soupe complètement mixée qui n'impose aucune contrainte de découpe. Vous pouvez même utiliser un robot ménager qui les débitera en lamelles.

Le matériel

Veillez à toujours utiliser une casserole ou un récipient inoxydable. Ne jamais utiliser de casserole en aluminium (métal gris mat très léger) qui a tendance à noircir la soupe (c'est une oxydation).

Pour transformer votre soupe en morceaux en une soupe lisse, il vous faut un appareil. Le plus rapide est le mixeur plongeur, composé d'une petite hélice au bout d'un axe que l'on plonge à même la casserole. Il permet d'obtenir une soupe bien lisse, que l'on peut appeler velouté tant sa consistance est douce. Vous pouvez aussi utiliser un moulin à légumes manuel, celui que l'on utilise pour la purée. La consistance est moins fine mais cela convient très bien néanmoins. Même une fourchette, bien manœuvrée et écrasant sans autre forme de procès les légumes sur le bord de la casserole, vous fera une soupe entre morceaux et velouté. Cela peut être bien aussi.

Récipient inoxydable : c'est un récipient de cuisson fait d'un métal qui ne subira pas les attaques de l'oxygène de l'air, par opposition à une casserole en aluminium par exemple.

Mixeur plongeur : c'est un petit appareil électrique, muni d'un moteur et d'une hélice que l'on prend dans la main et qui permet de broyer des produits cuits.

La plus simple des soupes de légumes : pommes de terre et poireaux.

La mise en cuisson

Nous l'avons bien compris, une soupe se cuit tout simplement à l'eau. La cuisson commence d'abord par un feu vif pour arriver à ébullition, puis se poursuit à feu plus doux pour maintenir une très légère ébullition. La douceur de la cuisson préserve les parfums et le goût de notre soupe. Ce procédé est appelé « cuisson directe ».

Vous pouvez concentrer le parfum des légumes en les faisant légèrement cuire dans un petit peu de matières grasses avant d'ajouter l'eau. Les cuisiniers, qui savent de quoi ils parlent et qui ont les mots pour, disent qu'ils font « suer » les légumes. Effectivement, sous l'action de la chaleur et de la matière grasse (huile d'olive, beurre ou graisse animale), le légume se met à transpirer. Il libère son humidité et concentre ses parfums. En aucun cas il ne faut que les légumes se colorent ou grillent. Ce procédé est appelé « cuisson indirecte ».

Faire suer : pour cuire des légumes dans une matière grasse, vous pouvez le faire à feu doux pour les rendre translucides (c'est les faire suer), ou à feu plus fort pour les surprendre et légèrement les colorer (c'est les saisir).

DÉBUTANT ATTENTION

La seule difficulté que peut présenter la réalisation d'une soupe pour un débutant réside peut-être dans le jugement de la cuisson des légumes. Une fois cuits, ils doivent s'écraser sans résistance sous une fourchette.

LE LEXIQUE DE LA SOUPE

SOUPE : de manière stricte, la soupe est faite de morceaux de viandes et de légumes baignant dans un bouillon. La soupe se trempe aussi et, là, se trouve le vieux sens de soupe qui signifie « tranche de pain que l'on mouille de bouillon ».

POTAGE : désigne à l'origine les aliments cuits dans un pot avec abondance de liquide et, par extension, une soupe.

VELOUTÉ : comme du velours, la soupe sera écrasée très finement avec ajout de crème pour la rendre onctueuse.

BOUILLON : c'est l'eau de cuisson des légumes et/ou de la viande.

CONSOMMÉ : c'est un potage léger, avec plus de bouillon que de morceaux.

BROUET : c'est une soupe, ou un potage, que l'on épaissit avec un roux, c'est-à-dire la base d'une béchamel : de la farine cuite avec une matière grasse et diluée avec un bouillon.

LES INDISPENSABLES

La carotte

Nouvelle ou en conserve, pelée et découpée en rondelles, elle est indispensable à presque toutes les soupes. Mais, suivant notre principe, rien ne nous arrête pour faire une bonne soupe : si vous n'en avez pas, tant pis.

Le poireau

Les habitants du pays de Galles prouvent leur amour de ce légume en l'utilisant comme emblème de leur maillot de rugby et en organisant des concours qui récompensent celui qui a fait pousser le plus gros poireau ! Nous, nous nous contenterons de l'utiliser comme métronome de nos soupes. Son parfum de verdure sert de base à presque toutes les soupes. Présents toute l'année, des poireaux sifflés du printemps aux poireaux d'hiver, chers aux Gallois, ils sont économiques.

La pomme de terre

Sans hésiter, elle est le chef d'orchestre ! Elle donne de la consistance et de l'onctuosité à toutes les soupes. Elle apporte les sucres lents indispensables à notre alimentation et provoque une sensation rapide de satiété.
Mais la pomme de terre n'est pas mauvaise fille, elle laisse facilement sa place à tous les autres féculents. En effet, il n'est pas utile de cumuler légumes secs et pomme de terre, ou châtaignes et pomme de terre. Ainsi, on peut la remplacer tranquillement par des lentilles, des haricots secs, des fèves sèches, des pois chiches, des châtaignes. Dernier détail, les pommes de terre les plus courantes sont toujours les meilleures dans la soupe : les pommes de terre de conservation, bintjes ou belles de Fontenay (rien avoir avec Madame). Gardez les pommes de terre nouvelles ou les petites rattes pour les sauter à la poêle.

Les légumes secs

C'est toute la famille des légumineuses, même s'ils ont une mauvaise réputation digestive ! Ils ont un goût formidable et sont une source importante de protéines végétales (cousines de la viande) indispensables à une alimentation équilibrée.
Leur contrainte est d'être un peu longs à cuisiner car ils demandent pour la plupart à être trempés 12 heures avant d'être utilisés.
Leur cuisson est assez longue. Comptez 3/4 d'heure à une heure pour les fèves, les pois chiches, les haricots secs et les pois cassés. La lentille est le seul légume sec qui ne nécessite pas de trempage ni de précuisson, qu'elle soit verte, blonde ou rose.
Tous ces légumes secs peuvent remplacer la pomme de terre. Ainsi, un demi-verre de lentilles cuit avec une carotte, un poireau et un navet crée une soupe d'hiver originale.

LES SAISONNIERS PRINTEMPS

L'asperge

Pendant la pleine saison, quelques asperges vertes, blanches ou violettes peuvent faire une soupe remarquable. Les pointes (5 cm de longueur), plus tendres, peuvent être gardées comme légumes à part entière ou sautées à la poêle pour être ajoutées à la soupe au moment de servir. Le restant des asperges bien pelé et débité en petits tronçons sert de base à la soupe. Pour la réalisation d'une soupe, seules les asperges fraîches sont intéressantes. Si vous avez des asperges en conserve, gardez-les comme entrée avec une vinaigrette ou une mayonnaise ou pour agrémenter un plat de légumes.
Les amis de l'asperge : la crème fraîche, le lard, les champignons, le cerfeuil.

L'épinard

Disponible toute l'année, il apporte les fibres si nécessaires à notre alimentation. Au printemps, on peut l'associer aussi avec les fanes de légumes nouveaux : radis, navets, oignons nouveaux et même pissenlits.
Les amis de l'épinard : la crème fraîche, les œufs, le fromage frais.

Les fanes

Et oui, il serait dommage de jeter les feuilles de radis, de navets nouveaux, le vert des oignons nouveaux ou une poignée de pissenlits oubliée. Toutes ces verdures, appelées fanes, peuvent colorer et parfumer une soupe de printemps. Quelques feuilles de salade peuvent s'ajouter à vos fanes, comme la chicorée, la laitue et surtout le pourpier – cette plante envahissante des jardins aux feuilles légèrement grasses, de plus en plus offerte au marché comme salade de printemps.
Les amis des fanes : le beurre frais, la crème fraîche.

Le petit pois

Bien sûr, quelques poignées de petits pois écossés feront jouer les soupes dans la catégorie gastronomie. Or, ce sont les cosses, si elles sont bien fraîches et juteuses, qui peuvent nous faire la meilleure et la plus économique des soupes.

Mais pourquoi ne mange-t-on pas habituellement ces cosses de petits pois ? Tout simplement parce qu'elles sont encombrées d'un parchemin filandreux et coriace à la cuisson. Mais, grâce à la technique de la soupe, ces gousses cuites à l'eau vont libérer leur couleur et leur parfum. Au bout de 10 minutes de cuisson de ces cosses dans l'eau salée, vous n'avez plus qu'à les mixer et à les passer dans une passoire fine. Elle retiendra le fameux parchemin et vous récupérerez un concentré de goût de petits pois.

Les amis du petit pois : toutes les herbes de printemps mais aussi la crème et le beurre.

Le radis

Une poignée de radis bien frais, croquants et juteux, peut être ajoutée au dernier moment à une soupe de fanes ou à toutes les soupes de printemps. Prenez la peine de les détailler en rondelles et de les jeter dans la soupe au dernier moment pour qu'ils gardent leur croquant.

Autre solution, entiers ou en rondelles, vous pouvez rapidement les passer à la poêle avec une grosse noix de beurre, une cuillère à soupe d'eau et une cuillère à café de sucre. Le but du jeu est de les cuire tout juste et de les enrober de ce que l'on appelle « un glaçage ». Cette solution est particulièrement recommandée dans le cas de radis un peu forts, un peu poivrés.

Les amis du radis : le beurre frais, les anchois et la crème fraîche.

L'ortie

Certes, vous la trouverez rarement sur les marchés, mais pourquoi se priver de cette super-plante à soupe, abondante en bordure des bois et au fond des jardins ? Munissez-vous d'une bonne paire de gants en caoutchouc pour ramasser et travailler vos orties. Plus les orties seront jeunes, meilleure sera la soupe.

Effeuillez les orties, plongez les feuilles dans l'eau bouillante pendant 30 secondes avant de les utiliser. Vous pouvez alors enlever vos gants.

Un sac plastique de feuilles d'orties fraîches, associé à un poireau et à une pomme de terre fait une soupe bonne au goût et bonne à la santé.

Les amis de l'ortie : la crème et le beurre.

L'oseille

Légume-feuille vivement acidulé, l'oseille permet de réaliser des soupes bien chlorophyllées. Dans une soupe, l'oseille s'ajoute par poignées et demande un temps minimum de cuisson, juste le temps de faire faner les feuilles à la chaleur du bouillon. Comptez 2 à 3 minutes.

L'ami de l'oseille : la crème qui permet d'atténuer son acidité.

ÉTÉ

Le céleri branche

Les côtes du céleri branche sont en général utilisées comme légumes. Par exemple, une fois cuites à l'eau, les côtes de céleri peuvent être accommodées en gratin, soit avec une béchamel crémée, soit avec une fondue de tomates parsemée de fromage râpé et gratinée au four. Mais les extrémités des branches du céleri, pleines de feuilles, sont formidables dans une soupe, grossièrement hachées.

Les amis du céleri branche : la tomate, les champignons, la courgette, les pois chiches, les lentilles.

Le chou-fleur

Souvent un gros bouquet de chou-fleur fait beaucoup pour un plat. Réalisez d'abord du chou-fleur en gratin, en purée ou en salade et réservez quelques bouquets de chou-fleur pour la base d'une soupe.

Les amis du chou-fleur : le parmesan, le gruyère, la crème, le carvi, le cumin.

Le brocoli

Comme pour le chou-fleur, le brocoli peut être la base d'une soupe. Pour faire une soupe originale, des petits bouquets sautés à la poêle dans de l'huile d'olive ou du beurre peuvent être ajoutés à toute soupe de saison.

Les amis du brocoli : les gruyères, le parmesan, le basilic.

La courgette

Parfois considérée « sans goût », insipide, la courgette est indispensable dans les soupes d'été, en particulier dans la soupe au pistou. En automne, une grosse courgette bien pelée, vidée de son cœur et de ses graines, peut servir comme base à une soupe que l'on parfumera avec des herbes.

Les amis de la courgette : le basilic, le cerfeuil, la ciboulette, la marjolaine, la tomate, les pois chiches et tous les nouveaux amis que vous voudrez bien lui trouver. Car, en fait, la courgette n'est pas bégueule.

Le fenouil

Pour ceux qui aiment la saveur anisée, le fenouil agrémente parfaitement les soupes d'été. La fameuse soupe au pistou ou le minestrone l'accueillent avec joie. Mais attention, son parfum peut être envahissant, alors ayez la main légère sur la quantité utilisée (un demi-bulbe pour 4 personnes est largement suffisant).

Les amis du fenouil : l'agneau, l'huile d'olive, la sarriette, la marjolaine et bien sûr le basilic.

La fève verte

Souvent trop chère, une simple poignée de fèves écossées, entières et justes cuites pour garder du croquant, accompagnera parfaitement une soupe de printemps ou d'été.

Les amis de la fève verte : l'huile d'olive et quelques chips d'ail.

Les haricots

Haricot vert, haricot beurre et coco plat sont les composants essentiels de la vedette incontestée de l'été : la soupe au pistou et son cousin le minestrone. Équeutés et détaillés en morceaux de 1 cm, ils composent la base de ces soupes estivales parfumées au basilic.

Les amis du haricot : l'huile d'olive, le basilic, le parmesan.

La tomate

Plus qu'un fruit, une starlette. Les tomates de saison sont mûres mi-juin pour s'arrêter aux premières gelées de mi-novembre. Elle est la vedette incontestée du minestrone, du pistou et du gaspacho en été, ou d'onctueuses soupes de tomates qui se congèlent très bien en automne.

Les amis de la tomate : l'huile d'olive, le basilic, le fromage de chèvre frais.

AUTOMNE ET MÊME HIVER

La betterave rouge

Crue ou cuite, elle permet de faire une belle soupe de couleur, dans la tradition de celles des pays d'Europe centrale. Si vous trouvez des betteraves crues, faites-les cuire dans beaucoup d'eau salée pour pouvoir les peler et utilisez-les une fois cuites dans votre soupe. Pour des betteraves vendues cuites, pelez-les si nécessaire et débitez-les en petits cubes dans votre soupe déjà cuite.

Les amis de la betterave : la crème fraîche, l'orge perlée, les lentilles, les pois cassés, les haricots secs, les lardons.

Le céleri-rave

Ce beau gros et bon légume permet de réaliser des purées, exactement comme des pommes de terre, mais aussi des soupes. Pelé, débité en cubes et associé aux indispensables, il nous donne une soupe nourrissante et goûteuse pour l'automne et l'hiver.

Sa saveur est assez marquée, il faut savoir doser selon les goûts.

Les amis du céleri-rave : la crème fraîche, le fromage blanc, le chorizo, les poissons fumés.

La châtaigne

C'est un féculent riche en sucres lents. Si vous avez des châtaignes crues, cela demande un petit peu de travail. Il faut d'abord fendre la coque marron d'un coup de couteau et les faire cuire 30 minutes à l'eau salée pour pouvoir les peler (enlever la peau épaisse marron et la petite peau duveteuse). Sous vide ou en conserve, elles sont bien plus simples et rapides à utiliser puisqu'elles vous évitent précuisson et pelage.

Dans une soupe, les châtaignes remplacent à la saison avantageusement les pommes de terre.

Les amis de la châtaigne : la crème fraîche, le fromage blanc, les champignons, le lard, le persil, le cerfeuil, le carvi, le fenouil, le cumin.

Le chou frisé et cabus

Ce sont les choux de la soupe aux choux et certainement les légumes les plus anciennement utilisés en Europe et dans le bassin méditerranéen.

Assez fort en goût, mieux vaut le faire blanchir avant de l'utiliser dans la soupe. En gros quartiers ou haché, plongez-le dans une casserole d'eau bouillante salée, laissez reprendre l'ébullition. Égouttez. Vous aurez ainsi atténué un peu son goût marqué. Vous l'aurez surtout rendu plus digeste.

De la soupe aux choux à la potée, il n'y a qu'un pas ou plutôt qu'un ajout de liquide (pour la potée, voir page 51).

Les amis du chou : la pomme de terre, la carotte, le poireau, le cochon salé ou le collier d'agneau, sans oublier le navet, le genièvre et le laurier.

Le potiron

Le potiron et tous ses cousins et cousines : courge, muscade, butternut, giraumon, potimarron. Ce sont les vedettes incontestables de l'automne et du début de l'hiver. Utilisés comme base de soupe, ils donnent des veloutés crémeux et onctueux se contentant d'être juste accompagnés d'échalotes ou d'oignons doux.

Mais le potiron a beaucoup d'amis : la crème, le lait, le fromage blanc, le lard grillé, la châtaigne, le lait de coco, la cannelle, la muscade, le carvi, le cerfeuil, la ciboulette…

Le navet

Long, rond, jaune, violet, blanc, voire noir, le navet peut servir de base à toutes les soupes d'automne et d'hiver. Quelques navets et quelques pommes de terre sués au beurre et mouillés d'eau et de lait donneront une merveilleuse soupe blanche.

Les amis du navet : pour apporter un peu de couleur à cette soupe blanche, on peut lui associer plusieurs amis, comme le chorizo, le piment, le paprika et les herbes fraîches.

L'oignon

Présent toute l'année, il est à utiliser avec parcimonie afin de doser son parfum envahissant.

Il se croit l'ami de tout le monde, mais compte tenu de son goût envahissant, ne lui faites pas confiance.

Le panais

Légume racine de la famille de la carotte, il est formidable dans une soupe réunissant tous ceux qui, comme lui, poussent sous terre : navet, pomme de terre, poireau, carotte, persil racine... Mais il peut aussi donner le tempo gustatif d'une soupe qui ne réunira que lui, quelques pommes de terre et un poireau.

Les amis du panais : le bouillon, le beurre, le lait, la crème, le carvi, la ciboulette et le cerfeuil.

Le rutabaga

Légume racine, il entre dans les soupes « fourre-tout » de l'automne et de l'hiver. A priori, son goût prononcé de racine ne lui permet pas de se suffire à lui-même dans une soupe monolégume. En revanche, associé à nos indispensables, il donnera une très belle soupe passée, une soupe veloutée très agréable.

Les amis du rutabaga : le lait, la crème, le beurre, le cumin, le carvi, le lard.

Le topinambour

Cousin lointain de l'artichaut, ce sont ses racines que nous consommons. Leur goût est d'ailleurs proche de celui du cœur d'artichaut et il est aussi appelé « artichaut de Jérusalem ».

Ce légume souvent méprisé permet de réaliser de très belles soupes veloutées. Attention, son goût marqué prend le pas sur les autres légumes, mais pas de soucis si vous aimez ce goût d'artichaut.

Les amis du topinambour : l'huile d'olive, les amandes effilées, le jus de citron, le citron confit.

LES PETITS PLUS

L'ail

Attention, l'ail est assez fort dans la soupe mais indispensable pour certaines recettes traditionnelles comme la soupe au pistou ou la chorba.

Pour utiliser de l'ail, il faut le peler et aussi prendre la peine de le dégermer. Pour cela, fendre la gousse en deux et retirer la petite pousse du milieu. Cette opération n'est pas nécessaire quand on a la chance d'avoir de l'ail nouveau d'avril à juin.

Il est aussi possible d'ajouter à la soupe des chips d'ail. Dans le sens de la hauteur, coupez votre gousse d'ail en fines lamelles et faites-les frire rapidement, 1 à 2 minutes, dans l'huile d'olive.

L'aneth

Herbe aromatique, à feuilles fines et au goût marqué, souvent associée au poisson. Ajoutée finement hachée au moment de servir, cette herbe apporte une touche nordique à vos préparations. Dans une soupe veloutée d'automne toute simple, un peu d'aneth et quelques petits morceaux de poisson fumé font une très belle entrée.

Le saumon fumé

Il s'agit de petits morceaux, de petites chutes de saumon fumé, qui sont ajoutés au moment de servir pour agrémenter une soupe.

L'huile d'olive

Est-ce bien utile de répéter que l'huile d'olive est bonne pour la santé ? En revanche, il est nécessaire de dire haut et fort que l'huile d'olive est l'amie de nombreuses soupes. Elle est à la base de la fameuse soupe au pistou. Elle peut être aussi utilisée crue au moment de mixer la soupe pour l'onctuosité qu'elle apporte. Elle intervient aussi pour faire suer les légumes avant de mouiller la soupe, c'est notre « cuisson indirecte ».

Le basilic

C'est la reine des herbes estivales. Faites simple, n'utilisez que du basilic à grandes ou petites feuilles.

Comme la plupart des herbes, le basilic s'utilise cru, il perd bien souvent son goût à la cuisson. Oubliez le basilic sec, plus proche du foin que de l'herbe aromatique. Le basilic surgelé peut évoquer le délicat parfum de l'herbe fraîche.

Le cerfeuil

C'est l'herbe des potages dits « à la française ». Haché au dernier moment et déposé sur la soupe chaude, il apporte un subtil goût anisé et légèrement sucré. Ne jamais cuire le cerfeuil. Nous avons dit jamais, non mais.

La ciboulette

Comme toutes les herbes, elle est finement coupée au couteau ou à la main. La ciboulette s'utilise parsemée à la surface de la soupe chaude, au moment de servir.

Le fromage de chèvre frais

Le fromage de chèvre frais concassé au couteau peut être ajouté au dernier moment. Sa saveur lactée est formidable avec une soupe de légumes mélangés d'automne. En plus, c'est joli.
Ce fromage frais vous apporte aussi calcium et protéines. Ce qui n'est pas rien.

Le fenouil

Il s'agit bien là de l'herbe aromatique, ou à la limite des feuilles prélevées sur le bulbe du fenouil. Avant de l'utiliser, assurez-vous des bonnes dispositions de vos hôtes à son égard car son goût anisé est très spécifique. Plante méditerranéenne par excellence, il accompagne parfaitement les soupes contenant de la tomate, des courgettes ou des haricots verts.

La livèche, céleri perpétuel ou ache

En l'absence de céleri branche ou de céleri-rave, quelques feuilles de livèche au moment de mixer la soupe lui donnent un joli parfum. Utilisez-la avec parcimonie, 4 à 5 feuilles sont largement suffisantes pour une soupe pour 4 personnes.

Le persil

L'herbe passe-partout au goût efficace, préférez le persil plat bien meilleur que le persil frisé. Une poignée de feuilles ébranchées ne peut qu'améliorer votre soupe, ajoutée juste avant de la mixer. Le persil est l'une des seules herbes qui supporte une légère cuisson et qui lui permet de diffuser son parfum.

Le thym

Le thym est un condiment de cuisson dans les soupes repas, comme l'harira ou la chorba. Nous lui trouverons d'ailleurs la même fonction dans les pot-au-feu.

La crème fraîche

Qu'elle soit liquide ou épaisse, préférez de la vraie crème fraîche. Vous pouvez utiliser de la crème allégée si vous voulez limiter l'apport en corps gras.
L'ajout de crème transforme votre soupe en velouté.
Mais vous pouvez aussi, sans la mélanger, faire des dessins avec un trait de crème liquide ou bien déposer au milieu de l'assiette de soupe une cuillère à soupe de crème épaisse.
Encore mieux, déposez dans chaque assiette une cuillère à soupe de crème fouettée en chantilly, décorée d'épices (poivre, cumin, carvi, piment) ou d'herbes hachées (persil, ciboulette, cerfeuil). Vous pouvez aussi y ajouter du lard grillé, du jambon sec ou des fines lanières de chorizo.

Le fromage

Le plus basique des fromages râpés donne un petit plus à votre soupe. Vous pouvez aussi utiliser des fromages plus typés comme le comté, le gruyère ou le cantal. En fait, tous les fromages, pas trop forts et pas trop envahissants, peuvent agrémenter vos soupes.

La charcuterie

Le plus simple des lardons revenus et grillés à la poêle améliore très bien une soupe d'été ou d'hiver. Des lamelles de jambon sec ou cru, grillées à la poêle ou séchées au four, font d'une simple soupe de légumes un plat plus chic. Pour une petite note espagnole, utilisez de fines tranches de chorizo, déposées à la surface de la soupe bouillante.

Les épices

Plutôt que de mélanger vos épices à l'ensemble de la soupe, une pincée d'épices moulues déposée à la surface apporte bien sûr du goût mais rend aussi l'assiette jolie et appétissante.
Les épices recommandées sont le poivre fraîchement moulu, le piment ou le paprika, le cumin en poudre et le carvi en poudre.

LES MODÈLES

LA SOUPE PASSE-PARTOUT

C'est la plus simple des soupes de légumes. L'indispensable, le minimum, c'est pommes de terre-poireaux, pommes de terre-carottes ou pommes de terre-poireaux-carottes. C'est une base. Il n'y a plus qu'à suivre votre mode d'emploi (voir page 22).

Sur cette base, toutes les libertés sont permises pour faire varier votre soupe presque à l'infini.

Allez piocher dans les légumes saisonniers pour agrémenter votre soupe (voir page 25). Prenez ceux que vous avez à disposition, en suivant la saison, et associez-les en proportions égales aux autres légumes (un tiers de pommes de terre + un tiers de poireaux + un tiers de navets ou un quart de pommes de terre + un quart de carottes + un quart de céleris + un quart de poireaux).

De même, vous pouvez, en fin de cuisson, agrémenter votre soupe avec ce que nous avons baptisé les petits plus (voir page 28). Par exemple, ajoutez une cuillère à soupe de crème fouettée non-sucrée que vous parsemez de cerfeuil haché. Vous pouvez aussi ajouter à votre soupe des cubes de comté ou de cantal ou encore une cuillère de fromage blanc égoutté parfumé d'un peu de poivre, de cumin ou de carvi.

Le meilleur moyen de faire une bonne soupe est d'associer les légumes de saison :

- au printemps : pommes de terre, poireaux, petits pois, fèves vertes, crème fraîche et ciboulette ;
- en été : tomates, courgettes, fenouil, oignons, huile d'olive et chorizo ;
- en automne : pommes de terre, céleris-raves et lardons grillés ou pommes de terre, poireaux et navets ;
- en hiver : potiron, pommes de terre, échalotes et crème fraîche.

LES MODÈLES

LA SOUPE MONOMANIAQUE

Vous pouvez simplifier la soupe de légumes basique en utilisant le goût d'un ou deux légumes, par exemple pomme de terre-poireau ou pomme de terre-céleri-rave, etc.

Pour épicer ce couple, vous pouvez, mais rien n'est obligatoire, faire suer dans une grosse noix de beurre ou une cuillère à soupe d'huile d'olive, les légumes pelés, lavés et coupés en morceaux avant de les mouiller.

Mouiller : c'est ajouter du liquide à une cuisson.

Suer, c'est chauffer doucement dans la matière grasse les morceaux de légumes pour les rendre légèrement translucides et en concentrer les saveurs.

Sur cette base, toutes les libertés sont permises pour faire varier votre soupe presque à l'infini. Allez piocher dans les légumes saisonniers pour agrémenter votre soupe.

LES MODÈLES
LA SOUPE AVEC VIANDE

Pour faire cuire vos légumes et préparer la base de votre soupe, vous pouvez commencer par faire cuire des petits morceaux de viande dans de l'eau ou un bouillon. Une fois la viande bien cuite, bien tendre, ajoutez vos légumes à ce bouillon de viande. C'est une catégorie de soupe cousine du pot-au-feu. Vous pouvez d'ailleurs utiliser les restes de vos cuissons au pot.

Ce sont des soupes un peu plus riches qui peuvent même servir de plat principal. C'est le principe de la chorba, mais aussi de toute une famille de soupes qui s'approche du pot-au-feu, de la potée et même du phô vietnamien.

LES MODÈLES
LA CHORBA OU HARIRA

Pour 4 personnes, comptez 200 g d'épaule d'agneau coupée en petits cubes de 1 cm de côté.

Pour une recette plus proche de la tradition, demandez à votre voisine, votre grand-mère ou votre maman.

Soyez libre dans la composition de votre soupe.

Pour faire simple, une fois votre agneau cuit dans l'eau, ajoutez deux tomates fraîches ou en boîte ou même un peu de coulis de tomates, une petite boîte de pois chiches, un peu de céleri branche, du poivre et du cumin.

Portez à ébullition et laissez cuire jusqu'à tendresse des légumes. Pour terminer, au moment de servir, ajoutez de la coriandre fraîche et une grosse noix de beurre (une pincée de safran, malheureusement beaucoup trop cher, peut parfaire votre recette). Tous les légumes méditerranéens comme la courgette, le fenouil ou le poivron peuvent prendre part à cette soupe.

Les puristes trouveront toujours à redire mais vous, vous aurez fait une superbe soupe !

Sur le même principe, si vous n'aimez pas l'agneau ou le mouton, vous pouvez le remplacer par du bœuf à bouillir (du jumeau, du paleron, du jarret...) coupé en tout petits morceaux.

De même, si vous n'êtes pas fan des parfums orientaux, la cohorte de légumes qui accompagne votre bœuf peut être du poireau, de la carotte, du céleri, du navet, etc. Pour le parfum, jouez avec le poivre, le persil et la ciboulette. Pensez aussi au nuoc-mâm pour l'assaisonnement ce qui donnera une note asiatique.

LES MODÈLES

LA SOUPE FROIDE

LE GASPACHO

C'est une technique de soupe froide simplissime pour l'été.

Si en Andalousie, à l'origine, le gaspacho était préparé avec des amandes fraîches, nous sommes bien plus habitués aujourd'hui au gaspacho de tomates.

Dans un saladier ou un récipient plus profond que large, coupez en gros morceaux huit tomates bien mûres.

Bien évidemment les tomates de saison sont recommandées, elles sont moins chères et ont plus de goût.

Mixez ou passez ces tomates au moulin à légumes, passez le résultat à la passoire pour retirer pépins et peau.

Cassez une tranche de pain sec en petits morceaux que vous ajoutez à votre pulpe de tomates.

Salez, poivrez généreusement, ajoutez une bonne lampée d'huile d'olive et une petite gousse d'ail coupée en petits morceaux.

Laissez reposer pour que le pain s'imbibe.

Redonnez un coup de mixeur pour lier le tout. Ajoutez les légumes de votre choix coupés en tout petits morceaux: céleri branche, poivron, concombre, oignon nouveau, etc. C'est selon votre choix, et surtout c'est là que vous pouvez inventer. N'oubliez pas toutes les herbes de la belle saison: basilic, persil, sarriette fraîche, cerfeuil, marjolaine fraîche et thym frais.

Lier : se dit d'un jus et d'une sauce auxquels on ajoute un élément, comme du beurre ou de la farine, pour les unifier, les lisser et les rendre enrobants.

Servez cette soupe pas trop froide.

Si vous êtes pressé, vous pouvez mixer aussi du concombre, du céleri branche ou du poivron en même temps que vos tomates.

Juste une précaution, allez doucement en mixant et faites attention aux éclaboussures !

Si en Andalousie, à l'origine, le gaspacho était préparé avec des amandes fraîches, nous sommes bien plus habitués aujourd'hui au gaspacho de tomates.

LES MODÈLES
LA SOUPE AU PISTOU

C'est une soupe estivale non-passée dans laquelle les légumes restent en petits morceaux et que l'on parfume à la fin avec une sauce à base d'huile d'olive et de basilic.

Presque tous les légumes d'été sont les bienvenus : haricots demi-secs, haricots verts, courgettes, céleris branches, tomates, oignons, carottes, poireaux, etc. En fait, le seul à éviter c'est le poivron, peut-être un peu trop fort.

Tous les légumes d'été que vous aurez choisis sont lavés et coupés en petits morceaux puis mis à cuire dans l'eau salée. Dès que la soupe est cuite, arrêtez le feu.

Dans un mixeur, ou, si vous êtes un puriste, dans un mortier, écrasez en pommade (un peu la consistance d'une mayonnaise) une grosse poignée de feuilles de basilic, une gousse d'ail pelée et émincée, du sel, du poivre et une grosse pincée de fromage râpé ou de parmesan et un jaune d'œuf. Mixez-mixez ou pilonnez-pilonnez pour obtenir une sauce au pistou bien lisse.

En pommade : le beurre est dit « en pommade » quand, une fois malaxé, sa consistance est souple et facilement étalable.

Ajoutez-la, en mélangeant bien, à votre soupe de légumes : ça sent délicieusement bon. Surtout ne redonnez pas d'ébullition, cela ferait tourner la sauce.

Faire tourner la sauce : une sauce tourne quand se désunissent liquide et petites particules. Ce n'est pas beau, donc moins bon.

C'est le basilic qui donne son nom à la fameuse soupe au « pistou » : pistou signifie « basilic » en occitan (« pesto » est le nom du basilic au nord de l'Italie).

Dans ce style de soupe, vous pouvez ajouter une poignée de pâtes, style penne ou macaroni, pour la transformer en « minestrone ».

LES MODÈLES
LE PAIN TREMPÉ DE BOUILLON

Au Moyen Âge, en langue germanique, le mot « soupe » désignait une tranche de pain mouillée de bouillon.

C'est en fait l'origine historique de toutes les soupes: un légume de bon goût (comme l'oignon) revenu dans du beurre et mouillé de beaucoup d'eau pour faire un bouillon.

Des tranches de pain grillées frottées d'ail et recouvertes de fromage râpé sont placées dans une soupière et mouillées avec notre bouillon.

Glissez le tout au four pour gratiner et le tour est joué. Vous pouvez même faire chabrot !

Un bouillon de pot-au-feu peut judicieusement remplacer l'eau.

Vous pouvez remplacer les oignons par de l'ail nouveau, des poireaux, des courgettes, du fenouil : c'est le principe de la très célèbre soupe à l'oignon.

Gratiné : c'est le dessus d'un plat cuit au four qui prend des couleurs mordorées sous l'action de la chaleur. Le gratiné peut être croustillant, développant des goûts de légèrement trop cuit, trop surpris par la chaleur.

Faire revenir : c'est l'opposé de faire suer. On utilise le feu vif et les couleurs des aliments deviennent vives.

Faire chabrot : coutume populaire d'autrefois qui consiste à allonger le bouillon avec du vin rouge.

MAIS QUE VEUT DIRE CETTE COMPTINE ?

Certes tremper son pain dans la soupe permettait de l'enrichir en en faisant un repas plus complet; certes tremper son pain dans le vin (souvent sucré) permettait de réaliser à peu de frais une gourmandise. Mais pourquoi Marie fait-elle trempette et s'habille-t-elle d'étoffes rares d'origine chinoise et chausse-t-elle des escarpins ?
C'est peut-être seulement un de ces petits jeux de sonorités et d'allitérations propres aux comptines enfantines.
Mais rien ne vous empêche d'essayer de tremper.

"Marie, trempe ton pain (bis)
Marie, trempe ton pain dans la soupe
Marie, trempe ton pain (bis)
Marie, trempe ton pain dans le vin

Nous irons dimanche
À la maison blanche
Toi en nankin, moi en Tonkin
Tous les deux en escarpins

Marie, trempe ton pain (bis)
Marie, trempe ton pain dans la sauce
Marie, trempe ton pain (bis)
Marie, trempe ton pain dans le vin"

SCÉNARIO AUTOUR D'UN FRIGO ET D'UN PLACARD

SCÉNARIO 1 UN JOUR DE SEMAINE

Ce n'est pas parce qu'on est épuisé après une journée trop occupée qu'il ne faut pas se donner la peine de cuisiner. Dans les cas d'urgence, l'organisation et la méthode seront d'un grand secours.

Se faire à manger c'est de toute façon meilleur pour la santé et le plaisir du goût que beaucoup de préparations du commerce. Et c'est souvent plus économique. Ça, c'est fait !

Quels sont les produits à ma disposition dans mon placard et mon frigo et comment je peux les mettre en préparation ?

Ouverture du réfrigérateur. Deux poireaux, une carotte, une tranche de jambon blanc, du beurre. Dans le placard, 20 cl de crème UHT, du sel, du poivre, deux pommes de terre (car je sais qu'il ne faut pas garder les patates à frigo où elles risquent de noircir sous l'action du froid) et une orange (c'est toujours mieux de garder les fruits à température ambiante pour qu'ils ne soient pas froids sous la dent quand on a envie de les manger).

Une grosse assiette de soupe épatante et nourrissante sera du meilleur effet.

En route.

Première action : peler les légumes, pommes de terre, poireaux et carotte. Puis couper les pommes de terre en cubes de 1 cm de côté, les poireaux en rondelles de 5 mm d'épaisseur et enfin la carotte en fines lamelles. Réunir patates et poireaux pour les laver à l'eau fraîche puis mettre la carotte émincée dans un bol d'eau froide.

Mettre une grande casserole sur le feu le plus fort pour faire fondre sans coloration une grosse noix de beurre. Ajouter poireaux, pommes de terre et une grosse pincée de sel (gros ou fin, peu importe, il va fondre grâce à l'humidité des légumes).

Faire chauffer ces légumes en les tournant avec une cuillère (en bois c'est mieux, car le bois, non-conducteur de la chaleur, évite que l'on se brûle si on l'oublie dans la casserole) pour leur éviter d'attacher. Ne surtout pas les faire colorer. Pour cela, baissez le feu s'il est trop fort, les légumes doivent juste rendre leur eau (on dit de cette opération que les légumes « suent », l'image est assez bonne et explicite).

Une fois que les légumes ont bien sué, les recouvrir d'eau chaude (ça fait gagner du temps). Il faut, environ, que l'eau dépasse les légumes de 1 cm. Laisser cuire à petits bouillons.

Il leur faudra une demi-heure, à peu près, pour être tendres et cuits. On vérifiera cette tendresse avec une fourchette qui doit permettre de les écraser facilement.

Pendant que la soupe cuit, dans une petite poêle sur un feu vif, faire fondre du beurre ou chauffer une petite cuillère à soupe d'huile d'olive. Mettre la carotte bien égouttée dans la poêle. Pendant que celle-ci est surprise par la chaleur de la poêle, presser l'orange et récupérer un peu du zeste en utilisant un couteau bien aiguisé, comme si on la pelait. Il faut que cette pelure soit peu épaisse, juste de l'orange sans presque aucune peau blanche. Remuer et tourner la carotte grâce à une cuillère ou une fourchette. Elle doit légèrement colorer. Une fois les rondelles de carottes sommairement grillées, ajouter le jus d'orange et une petite pincée de sel. Baisser le feu et laisser cuire. La cuisson des rondelles sera finie une fois tout le liquide évaporé. Le jus de carotte étant riche en sucre, le but du jeu est de caraméliser. Attention à ne pas les laisser brûler.

Pendant que la soupe cuit et que la carotte caramélise, tailler jambon et zeste d'orange en fines lanières. Si on est récalcitrant au jambon, on peut le remplacer par un morceau de gruyère que l'on taillera de la même manière. Découper la tranche de jambon en bandes de 3 à 4 cm de large. Empiler ces bandes et les découper dans la largeur en lanières de 3 à 4 mm. Faire rouler sous les doigts pour bien détacher chaque lanière (ces petits morceaux de jambon s'appellent une julienne, c'est la forme qui s'appelle julienne, pas le jambon).

Dans la largeur du zeste, couper les plus fines lanières possibles, c'est une très fine julienne. Mettre dans de petites assiettes ces découpes séparées de jambon et de zeste d'orange, on les utilisera au moment de servir.

Notre soupe et notre carotte doivent être cuites. Il faut maintenant « passer » la soupe, c'est-à-dire la réduire en purée très fine soit avec un moulin à légumes, manuel, tourne, tourne la manivelle, soit avec un appareil électrique qui tourne à toute vitesse. Une fois la soupe bien fine, lui ajouter la crème fraîche et bien mélanger. La soupe doit être un peu épaisse, pas trop liquide.

Il doit être en gros 19 h 45. L'heure de passer à table.

Sortir quatre assiettes à soupe. Verser deux louches de soupe bouillante. Au milieu, déposer délicatement une cuillère à soupe de rondelles de carotte caramélisées. Tout autour de ces carottes, parsemer de morceaux de jambon. En touche finale, ajouter sur les carottes quelques brins de zeste d'orange. Un soupçon de poivre par-dessus tout ça.

On peut mettre en action cuillères à soupe et babines.

Pommes de terre, poireaux, carottes, crème fraîche, sel, poivre, une cuisson à l'eau, il suffit d'ajouter une poule et nous ne sommes pas très loin, d'un plat plus consistant : une poule-au-pot.

Mais c'est une nouvelle histoire.

Quels sont les produits à ma disposition dans mon placard
et mon frigo et comment je peux les mettre en préparation ?

booster

Cuit au pot !

Très proche de la soupe pour son système de cuisson, la cuisine au pot permet de réunir viandes et légumes pour les plats principaux comme le pot-au-feu, la poule-au-pot, les potées, le jarret en bouillon et leurs proches cousins qui sont la morue à l'aïoli et la marga du couscous.

Ils réunissent dans le même ustensile de cuisson les viandes et les légumes dans une eau parfumée d'épices et d'aromates. Avec une cuisson longue destinée à attendrir les chairs, la cuisson au pot offre par excellence le plat familial ou des amis réunis que l'on pose généreusement au milieu de la table.

Réalisable même par un cuisinier empoté, nul besoin de se presser le popotin, ni de dépoter inutilement, le pot-pourri de goûts et de parfums de la cuisson au pot se réalise pas à pas en unissant dans un bouillon bouillant le marché du moment.

Avec la préparation d'un plat cuit au pot, pas de mesures alambiquées pour ne faire un plat que pour 4 ou 8 personnes ! En effet, l'un des avantages essentiels de ce type de plats est d'être comme les poupées gigognes : avec une bonne quantité d'un plat cuit au pot, déclinons et réapprenons à cuisiner les restes. Un univers de plats rapides s'offre à nous pour utiliser les viandes et les légumes déjà cuits : salades, croquettes, hachis, miroton et bouillons variés.

CUIT AU POT !

LA TECHNIQUE DE LA CUISSON AU POT

EN TROIS COUPS DE CUILLÈRE À POT

Réaliser une cuisson au pot est simple. Dans beaucoup d'eau, mettez en casserole les différents ingrédients graduellement, en suivant leur temps de cuisson.

Choisir la viande

Nous pourrions presque dire que ce n'est pas la viande qui est choisie pour ces préparations mais la cuisson au pot qui définit un type de viande. En effet, cette cuisson longue en bouillon est nécessaire pour attendrir et rendre savoureuses les viandes riches en fibres « coriaces ». Ce sont les morceaux de viande impropres aux cuissons rapides (grillade, rôti) qui vont trouver naturellement leur place dans cette cuisson à l'eau.

Très souvent appelés « bas morceaux » et provenant de l'avant des animaux, ils sont habituellement peu chers. Votre boucher est le meilleur conseiller pour les choisir et vous proposer un mélange de morceaux gras et de morceaux plus secs, que ce soit pour du bœuf, du veau, de l'agneau ou du porc salé. Votre boucher ou le rayon volaille de votre supermarché pourront vous proposer une poule, impropre au rôtissage et parfaite à cuisiner au pot.

LES ÉTAPES

1
Déposez la viande dans une grande casserole.

2
Recouvrez d'eau.

3
Portez à ébullition et écumez.

4
Ajoutez les légumes et faites cuire doucement.

Choisir les légumes

Tous les légumes pouvant être cuits à l'eau sont les bienvenus. Deux directions vous permettront de les associer : la saison, toujours elle, pour réunir les légumes unis par la saison de récolte, et la géographie qui forme des paysages gustatifs (légumes du sud, par exemple).

En plus des légumes, n'oubliez pas que ces plats aiment à être relevés d'épices et d'aromates qui vont leur donner du rythme et les ancrer dans un style : oriental, bien français, nordique… À vous de choisir et de varier.

Aromates : substances végétales d'une odeur pénétrante employées en cuisine : cannelle, cédrat, laurier, thym, vanille, écorce d'orange et de citron, muscade, poivre, etc.

Les quantités

Soyez généreux. Ne prévoyez pas pour quatre ou huit personnes, mais pour au moins dix. La préparation d'un pot-au-feu ou d'une poule-au-pot prenant un peu de temps, il faut les préparer en grande quantité pour pouvoir en profiter les jours suivants et utiliser les restes comme base de nouvelles recettes.

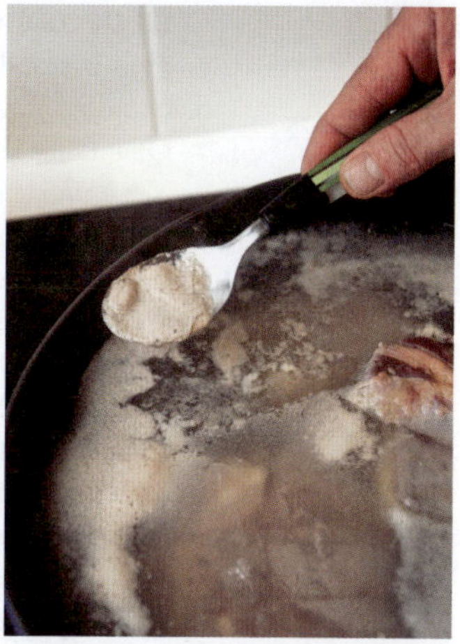

La découpe

Pour la viande, faites confiance à votre boucher qui la gardera en morceaux suffisamment gros pour supporter une cuisson longue.

Quant aux légumes, ils demandent souvent à être juste pelés et lavés. Pensez à une chose : l'uniformité des tailles permet de les cuire plus facilement. Si vous avez une grosse carotte et deux petites carottes, les petites cuiront plus rapidement : taillez alors la grosse pour avoir des morceaux de taille équivalente. Tout simplement.

Le matériel

Un grand pot, bien sûr, que nous appellerons cocotte, grande casserole, marmite, voire faitout. L'important c'est sa taille conséquente et propre à accueillir tous les ingrédients de la préparation pour qu'ils baignent pleinement dans le bouillon.

Si vous pouvez éviter l'aluminium c'est mieux, car il s'oxyde au contact des aliments. Préférez l'inox même si, malheureusement, ce matériau est très cher. Empruntez donc une grande casserole en inox à votre voisine ou achetez-la avec elle !

La mise en cuisson

Nous savons depuis quelques années, grâce au Centre National de la Recherche Scientifique, qu'il importe peu de commencer à l'eau froide ou à l'eau chaude la cuisson d'une viande à l'eau (on lit parfois dans des livres de cuisine que l'eau froide fait un bon bouillon et l'eau chaude une bonne viande, balivernes).

Ce qui est important c'est la durée de la cuisson. Comptez deux heures et demie à trois heures. C'est long, certes, mais pensez aux restes qui eux, déjà cuits, vous feront gagner du temps pour les recettes suivantes. Cette cuisson longue est peut-être à réserver aux jours de repos et aux réunions conviviales. La fête, quoi.

DÉBUTANT ATTENTION

Débutants, faites confiance à votre boucher. Il faut toujours parler avec son boucher. Un bon boucher vous indiquera les quantités et le choix varié des morceaux de bœuf, ou d'autres viandes, à faire bouillir. De même, il vous indiquera des temps de cuisson adaptés à ces morceaux. Il pourra même vous proposer les légumes et épices pour faire une bonne cuisson au pot.

LES VIANDES

Dans le choix des morceaux à bouillir, il est indispensable de discuter avec son boucher. Professionnel, il est normalement de bons conseils et est là pour partager son savoir et vous guider.

Le bœuf

Il offre de nombreux morceaux à cuisiner à l'eau, plus ou moins gras, gélatineux ou riches en cartilage. C'est la base du fameux pot-au-feu dont la réussite se joue beaucoup sur le choix et la variété des viandes.
Nécessaires pour leur graisse et leur richesse en cartilage et en os, propres à produire un bon bouillon, les morceaux de la poitrine (flanchet, gros bout, milieu et tendron), le plat de côte ou la queue sont indispensables à côté de morceaux plus maigres et gélatineux comme le jumeau, le gîte ou jarret et la macreuse. Ces morceaux sont en général peu onéreux.
N'oubliez pas que le boucher est toujours de bons conseils pour choisir et mélanger les bons morceaux du pot-au-feu.
Dans la gestion des restes, les morceaux entrelardés seront utilisés en hachis, tandis que les morceaux plus maigres seront à la base de miroton et de découpes.

Le veau

Divins jarrets, l'avant plus petit et moins riche en viande que l'arrière, font un plat merveilleux cuit à l'eau. Ils sont parfois un peu chers car souvent débités en tranches pour faire un osso bucco, mais c'est une autre histoire, une histoire de braisé (voir page 77).
Parmi les petits morceaux qui coûtent trois fois rien, la queue de veau fait un bouillon de compétition mais demande un peu de travail de décorticage pour récupérer la viande qui sera parfaite pour une terrine en gelée.
N'oubliez pas le pied. Votre boucher vous le vendra normalement fendu en deux dans la longueur. Le pied apporte de l'onctuosité à la cuisson et permet de réaliser des bouillons riches en gélatine propres à réaliser une terrine en gelée.

La poule

Une vedette royale à elle toute seule. Coriace après une vie de pondeuse, elle exprime tous ses parfums grâce à la cuisson au pot.

L'agneau

Sa viande nous fait basculer en Orient comme base de la marga. La marga est l'accompagnement du couscous, proche cousin du pot-au-feu, réunissant de la même manière lors de la cuisson, de la viande, des légumes, des épices et des aromates. On choisira, pour un bon bouillon, du collier et de la poitrine.
Pour plus de viande et surtout si on a les moyens, l'épaule pourra aussi glisser dans la marmite.

Le cochon

Viande de conservation par excellence, le porc à bouillir est le plus souvent salé. Jambonneau, palette et poitrine nourrissent la potée.
Le saucisson à cuire et les saucisses du type Toulouse sont aussi indispensables à une bonne potée. Dans certaines régions, le pot accueille ensemble viande de porc salée et viande de bœuf et peut se nommer aussi pot-au-feu ou potée.

La morue

Une morue cuite à l'eau et accompagnée de légumes donne un plat appelé aïoli, du nom de la sauce à l'ail qui l'accompagne.
La morue, qui est salée, nécessite un long trempage dans de l'eau fraîche pour perdre une partie de son sel. Un dessalage efficace doit être au minimum de 12 heures pour une morue salée et de 24 heures pour une morue salée séchée.
Pour dessaler efficacement la morue, mettez la peau du poisson toujours au-dessus pour permettre au sel de s'écouler et changez au moins quatre fois l'eau.

LES LÉGUMES DE BASE

Les plus classiques dans ces cuissons à l'eau sont les légumes les plus courants tout au long de l'année et qui, en plus, apporteront leurs parfums au bouillon : pomme de terre, carotte et poireau.

La mise en cuisson

Vous avez, avec ces trois légumes, de quoi faire une délicieuse cuisson au pot. L'important est qu'ils soient cuits de la même manière au moment de servir. Pour cela, laissez-les entiers, justes pelés et lavés, en les choisissant tous à peu près de la même taille (ou coupés pour qu'ils le soient).
Certains cuisent plus vite que d'autres. Ainsi, poireau et carotte sont mis en cuisson ensemble pour trois-quarts d'heure à une heure avant de servir. Les pommes de terre n'ont besoin que d'une demi-heure, elles seront donc ajoutées au bouillon un quart d'heure à une demi-heure après.
Pour juger de la bonne cuisson de vos légumes, vérifiez que vous pouvez y planter sans difficulté un couteau pointu. Il faut qu'ils soient tendres.

La carotte

Elle apporte du parfum au bouillon et de la couleur au service. Juste pelée, laissez-la entière ou coupée de la même taille que les autres légumes afin d'obtenir une cuisson uniforme.

Le poireau

Indispensable à la réalisation d'un bon bouillon. Pour éviter à vos poireaux de se disperser pendant la cuisson, réunissez-les en fagot et maintenez-les avec une ficelle à rôti (ficelle en coton).

La pomme de terre

Elle accompagne les viandes et légumes cuits au pot dans la dégustation mais, pour éviter qu'elle ne trouble le bouillon, il est recommandé de la faire cuire à part. Soit. Mais vous pouvez quand même en ajouter aux autres légumes. Ça économise de la vaisselle. Là, elle s'imprégnera des parfums du bouillon, ce qui est plutôt bien. Pour le choix de la variété, il vous faut des pommes de terre qui se tiennent à la cuisson, comme des rattes, des BF15, des Belle de Fontenay ou des Roseval.

LES AUTRES LÉGUMES

Tous les plats cuits au pot sont accueillants. Vedettes d'une cuisine populaire et généreuse, ils sont capables de recevoir en leur bouillon presque tous les légumes de la création supportant une cuisson à l'eau.
Laissez-vous guider par les saisons et/ou par certains légumes qui marquent culturellement les plats.

Les racines

Ainsi, pour une poule-au-pot, un pot-au-feu ou un jarret de veau, toutes les racines disponibles à la fin de l'été et à la fin de l'hiver sont les bienvenues.
Navet, rave, rutabaga, topinambour, panais, racine de persil, céleri-rave permettront d'avoir un bouillon bien plus parfumé et surtout une variété de goûts à déguster. Assez longues à cuire, toutes ces racines seront mises au pot en compagnie de carottes et de poireaux.

Le chou

Rien ne vous empêche d'ajouter quelques représentants de la famille du chou. Mais attention, leur goût et leur parfum sont assez forts et marqueront le bouillon un peu violemment. C'est une question de goût et de choix.
Vous pouvez ainsi ajouter du chou pommé, milan ou cabus, du chou-fleur, du brocoli ou encore des feuilles ou des pousses de chou feuille ou cavalier, très appréciées dans la confection du pot-au-feu ibérique appelé le « cocido ».
Le chou, la grosse boule de chou pommé, est d'ailleurs l'élément essentiel de la potée. Réunissant viande de porc salée et chou, agrémentés de carottes et de pommes de terre, c'est une cuisson au pot (d'où son nom de « potée ») parfaitement typée. La potée est certainement le plat populaire de référence dans le monde rural chrétien européen (à cause du porc), avec de nombreuses variantes suivant les régions.

Pour un meilleur parfum, il est toujours mieux de blanchir (c'est-à-dire de faire cuire à l'eau à gros bouillons pendant cinq minutes) les différents choux. Cette précuisson les rend plus digestes et moins forts en goût.

LES MÉRIDIONAUX

De l'autre côté de la Méditerranée, la marga et le couscous pourraient être le pendant de la potée. La cuisson du mouton ou de l'agneau accompagnés de légumes dans un bouillon se fait à la vapeur du couscoussier.
Mais la grande différence se jouera sur les épices et sur quelques légumes plus méridionaux, comme le poivron, la courgette, l'artichaut, le cardon et la tomate. Cependant, tous les légumes que nous avons cités pour le pot-au-feu peuvent être utilisés.
Enfin, pour accompagner la morue et l'aïoli, tous les légumes jusqu'à présent cités peuvent être cuits à l'eau pour accompagner ce plat. Plus grande sera la diversité de vos légumes, plus riche et « grand » sera votre aïoli. Vous pouvez aussi ajouter quelques légumes plus estivaux comme les haricots verts ou les haricots plats.

LES TEMPS DE CUISSON

N'oubliez pas que pour réussir votre plat tous ces légumes devront arriver à table cuits d'égale manière. C'est souvent là que réside la réussite de ces plats généreux, en s'organisant et en ajoutant dans le bouillon les légumes suivant leur temps de cuisson.
Pour vous aider, voici un récapitulatif indicatif, sachant que la cuisson varie suivant la grosseur, la variété et même la saison des légumes. Aidez-vous de la pointe de votre couteau pour vérifier régulièrement l'état de tendresse, donc de cuisson, de vos légumes.

- Environ 50 minutes : le chou, après avoir été blanchi.
- Environ 40 minutes : la carotte, la rave, le navet, le panais, la racine de persil, le céleri, le cardon, l'artichaut, le poireau, le haricot.
- Environ 30 minutes : la pomme de terre, le topinambour, le poivron, le brocoli.
- Environ 20 minutes : la tomate, la courgette.

ÉPICES ET AROMATES

LE BOUQUET GARNI

Il règne sans partage sur l'ensemble des cuissons au pot. Laurier, thym et queues de persil sont liés ensemble par une petite ficelle. Il est possible de l'agrémenter avec du romarin, du céleri branche, de la sauge, de la sarriette ou encore de la marjolaine. En fait, la plupart des herbes aromatiques propres à notre climat peuvent le compléter.
Il est formidable de pouvoir utiliser des herbes fraîches, mais elles peuvent très bien être remplacées par des produits secs ou surgelés.

LE POIVRE EN GRAINS, OIGNON ET CLOU DE GIROFLE

Le poivre en grains s'ajoute à ce bouquet garni comme base de parfum pour toutes les cuissons à l'eau, en compagnie des clous de girofle que l'on pique habituellement dans un oignon. Cet oignon d'ailleurs sert davantage pour parfumer que pour réellement être mangé.
Traditionnellement, un oignon noirci, légèrement brûlé, était ajouté en début de cuisson pour colorer le bouillon. Ce n'est pas obligatoire.

LES EXOTIQUES

Un morceau de gingembre frais, une tige de citronnelle ou encore 5 cm de zeste d'orange donneront de la fraîcheur et une note fruitée.
De même, des épices comme les grains de coriandre (une cuillère à café) et la cardamome (deux ou trois gousses ouvertes) enrichiront vos cuissons.

LES ORIENTALES

C'est surtout le cumin et le paprika qui apporteront des parfums propres à la cuisson de la marga du couscous. Mais vous pourrez aussi utiliser des mélanges tout prêts comme le ras-el-hanout, littéralement « la tête de l'épicerie ». Ce sont les épices essentielles, broyées et mélangées.

LE SAFRAN

À noter que l'on colore et parfume la cuisson de la morue pour l'aïoli avec une pointe de safran. Mais cette épice très chère n'est pas indispensable.

LES MODÈLES
LE POT-AU-FEU

Existe-t-il plus simple comme recette ? Pas sûr. Une grande cocotte, un choix de viandes bon marché, un bouquet garni, du poivre en grains, un oignon piqué de clous de girofle et toute une ribambelle de légumes selon votre choix, le tout cuit à l'eau.

Temps de préparation et de cuisson : environ 3 heures. Mais pas trois heures pleines, beaucoup de temps de pause s'intercalent pour lire le journal, embrasser votre fiancée ou votre amant, voire faire une partie de pétanque. Surtout qu'avec un pot-au-feu, vous avez un plat riche et équilibré pour nourrir une bonne tablée mais aussi la base d'autres recettes pour la semaine à venir grâce aux restes qu'il vous laissera.

La difficulté, si difficulté il y a, réside dans le choix des produits et leur mise en cuisson, l'un après l'autre, sans se presser, afin que chacun soit justement cuit au moment de servir (voir page 48).

Écumer : retirer avec une écumoire les éléments pas très jolis qui surnagent à la surface d'un bouillon en début de cuisson.

Écumoire : ustensile de cuisine en forme de cuillère plate avec des trous, destiné à enlever l'écume d'un plat.

DÉBUTANT ATTENTION

Il faut varier les morceaux de viande à bouillir et associer viande grasse, viande gélatineuse et morceaux plus secs. Mais n'oubliez pas le savoir du boucher.

Mettons-nous au travail. Dans notre grande cocotte, notre choix de viandes, mélangeant morceaux maigres et morceaux plus gras, mais là, normalement, le boucher vous vient en aide. Couvrez d'eau. Il faut que l'eau noie complètement nos morceaux. Et hop, sur le feu. À fond, jusqu'à ébullition. Baissez le feu. Normalement, vous devez écumer : en effet, les sucs de la viande au contact de l'eau bouillante vont former une crasse qu'il faut normalement enlever avec une écumoire. Cette opération permet de garder un bouillon relativement limpide. Mais est-ce réellement indispensable ? Pas convaincu, vous pouvez parfaitement laisser faire sans écumer.

Laissez cuire pendant 1 heure à petits bouillons, feu baissé au minimum, de préférence avec un couvercle, ça économise de l'énergie.

Au bout de cette heure, ajoutez à votre viande et à votre eau, qui commence à être un bouillon, une cuillère à soupe de gros sel, le bouquet garni ou les autres herbes aromatiques que vous avez choisies, les épices, le poivre, l'oignon piqué de clous de girofle ou un choix d'autres épices.

Laissez cuire de nouveau pendant 1 heure à petits bouillons. Profitez de ce temps de pause pour peler et laver les légumes choisis. Sur la dernière heure de cuisson, vous ajoutez dans l'ordre de cuisson indiqué les légumes que vous avez préparés. En même temps que les premiers légumes, vous pouvez glisser dans votre bouillon les quelques os à moelle que vous avez demandés à votre boucher. Sur cette dernière heure de cuisson, préparez aussi le ou les accompagnements que vous avez choisis (voir page 47).

Ça y est, tout est cuit. Rameutez tous vos convives et vérifiez qu'ils ont leur serviette autour du cou. Avec une écumoire sortez et disposez dans un plat les viandes et dans un autre les légumes. Vite, à table, avec les sauces ou simplement avec du gros sel et des cornichons. Commencez par déguster la moelle en tartine sur du pain légèrement grillé, accompagnée d'un peu de gros sel ou de fleur de sel.

Vous pourrez aussi servir un bol de bouillon tout chaud en entrée. Mais surtout gardez bien du bouillon pour plus tard, vous le laisserez refroidir pour enlever le maximum de gras figé à sa surface afin de le rendre plus digeste.

LES MODÈLES

LE JARRET VINAIGRETTE

C'est exactement la même recette que le pot-au-feu mais avec une cuisson un peu plus courte : 2 h-2 h 30.

La seule différence ? Vous remplacez la viande de bœuf par un jarret ou deux jarrets entiers de veau.

Ce jarret cuit au bouillon est délicieux avec une vinaigrette ou une gremolata (voir page 55). Mais gardez bien le bouillon !

LES MODÈLES

LA POULE-AU-POT

Toujours pareil, remplacez la viande de bœuf par une bonne grosse poule. La cuisson ? 2 heures.

Le bouillon est bien sûr à garder, il est délicieux.

Tous les accompagnements lui conviennent.

La cuisson au pot est certainement la cuisson de l'oubli.
Le pot était rempli le matin avant de partir travailler aux champs
et oublié pour une partie de la journée, sur un feu léger,
pour avoir au retour un plat dans lequel
il suffisait de tremper la louche.

LES MODÈLES
LA POTÉE

Est-ce vraiment différent du pot-au-feu ? Pas réellement. Vous remplacez la viande de bœuf par du porc salé que vous aurez pris la peine de faire dessaler à l'eau fraîche (changée quatre fois) pendant une nuit.

Surtout n'oubliez pas le chou. Il faut beaucoup de chou pour une vraie potée. Vous aurez pris la peine de le faire cuire séparément pendant 5 minutes avant de l'ajouter à la potée pour le rendre plus digeste.

Le mieux c'est une moutarde bien forte pour l'accompagner.

Le bouillon est assez fort et peut s'utiliser, pourquoi pas, comme base d'une soupe réchauffée dans laquelle vous mettrez les restes de légumes et de porc salé en petits morceaux. Faites cuire 2 heures C'est absolument parfait comme soupe au chou, surtout si vous faites chabrot : un demi-verre de vin rouge ajouté à la soupe au moment de déguster, comme faisaient nos grand-pères.

LES MODÈLES
LA MORUE EN AÏOLI

Ça va finir par devenir lassant. Toujours la même mise en route, mais bien plus vite.

Votre morue, bien dessalée (voir page 46), n'a besoin que de 15 minutes de cuisson à petits bouillons. Ah oui, mettez-la à cuire dans de l'eau bouillante, pas à l'eau froide.

Avant ça, vous aurez fait cuire tous vos légumes à l'eau légèrement salée ou à la vapeur. Quels légumes ? Tous ceux cités comme base (carotte, poireau et pomme de terre) et un choix parmi les autres.

L'accompagnement est bien sûr, et de manière indispensable, l'aïoli (voir page 55).

LES MODÈLES
LA MARGA ET LE COUSCOUS

Voilà un sacré morceau. Presque la technique du pot-au-feu mais avec un léger braisage (voir page 77). Vous ne le saviez peut-être pas, mais le couscous c'est la « graine », le blé travaillé et déjà précuit. La marga, en revanche, c'est le bouillon riche en viandes et en légumes.

Dans une cocotte ou la partie basse d'un couscoussier, faites chauffer deux cuillères à soupe d'huile d'olive pour faire colorer votre viande d'agneau (collier ou épaule). Une fois la viande légèrement colorée, ajoutez les légumes à cuisson longue pelés et coupés en gros morceaux comme la carotte, le navet, l'artichaut, l'oignon, l'ail et le poivron.

Mélangez les légumes et la viande. Ajoutez une cuillère à soupe de ras-el-hanout et mélangez-la aux ingrédients et à la matière grasse. Laissez cuire à feu vif 5 minutes. Couvrez d'eau de façon à noyer les ingrédients et laissez cuire 1 heure. 20 minutes avant la fin de la cuisson, ajoutez des courgettes en gros morceaux.

Pendant ce temps, mouillez la graine de couscous (environ 500 g) avec un verre d'eau tiède salée. Mélangez avec les doigts pour éviter à la graine de s'agglutiner et pour répartir l'eau. Laissez reposer 15 minutes avant de la rouler entre les doigts pour détacher les graines. Versez dans le panier à vapeur du couscoussier et laissez gonfler à couvert pendant 20 minutes.

Versez le couscous dans un grand plat, ajoutez une dizaine de noix de beurre et mélangez bien pour séparer les graines. Remettez dans le panier à vapeur et laisser cuire et gonfler 15 minutes.

Vous pouvez servir la semoule dans un grand plat et mettre la viande et les légumes dans un autre plat.

Dans un bol, mettez du bouillon et, dans un autre bol, une cuillère à soupe de harissa diluée avec du bouillon.

C'est une version simplifiée mais parfaitement efficace.

LES MODÈLES

LE KIG HA FARS

Spécialité du Finistère, c'est une pâte de farine de sarrasin cuite dans un sac au contact du bouillon du pot-au-feu ou de la potée ou, mieux, les deux mélangés.

Il en existe de nombreuses variantes, nous essayons d'en donner une version facile à réaliser.

Dans un saladier, mélangez 250 g de farine de sarrasin, 10 cl de bouillon du pot-au-feu en train de cuire, 25 cl de lait, 2 œufs, 70 g de beurre salé fondu. Vous devez obtenir une pâte lisse.

Dans un autre saladier, mettez un torchon en coton ou en lin afin de former un sac. Versez la pâte dans ce torchon en retenant les bords. Repliez le torchon pour enfermer la pâte comme dans un sac en laissant un peu d'espace pour que la pâte puisse gonfler.

Refermez fermement avec une ficelle et plongez ce sac dans le bouillon de cuisson d'une potée ou d'un pot-au-feu pour le faire cuire pendant 90 minutes.

Au moment de servir, sortez le sac et ouvrez-le pour découvrir et trancher une sorte de gâteau cuit au bouillon.

Spécialité du Finistère, c'est une pâte de farine de sarrasin cuite dans un sac au contact du bouillon du pot-au-feu ou de la potée ou, mieux, les deux mélangés.

LES ACCOMPAGNEMENTS

Le gros sel

Le pot-au-feu est parfois appelé « bœuf gros sel » car la tradition fait déguster cette viande cuite à l'eau avec une pincée de gros sel. Ça craque sous la dent et titille les papilles. Faites attention à ne pas trop saler votre bouillon pour ne pas manger vraiment trop salé.

La moutarde

La moutarde ou plutôt toutes les moutardes (Dijon, Charroux, Brive, aux condiments...) sont parfaites pour apporter acidité et force à des viandes qui ont certainement perdu un peu de leur parfum dans le bouillon.

Les cornichons

Conservés au vinaigre, les cornichons et de nombreux légumes comme les oignons, le chou-fleur ou l'ail sont l'accompagnement idéal des cuissons à l'eau.
Les gros cornichons conservés au sel, de tradition slave, dits aigre-doux, peuvent aussi accompagner nos cuissons au pot.

La piccadilli

Cette sauce que l'on trouve dans le commerce, chère aux Britanniques, est un mélange de légumes conservés dans une préparation moutardée, vinaigrée et très légèrement sucrée qui peut aussi parfaitement accompagner nos plats.

Le chutney

Non exclusivement réservé à nos plats cuits à l'eau, mais pouvant très bien accompagner du riz, des viandes froides ou du poisson, le chutney d'origine indienne est un mélange de légumes et de fruits cuits comme une confiture avec du vinaigre, du sucre et des épices.
Le chutney est une semi-conserve pouvant se garder trois semaines au réfrigérateur qui fera merveille avec une poule-au-pot ou un pot-au-feu.
Certes, il s'en trouve de nombreuses variétés toutes prêtes, plus ou moins exotiques, dans le commerce mais vous pouvez en préparer un pot très facilement à la maison.

Recette

Dans une casserole, mettez à chauffer un verre (10 cl) de vinaigre d'alcool.
Faites fondre dans ce vinaigre une grosse pincée de sel et un verre de sucre en poudre (100 g).
Coupez deux tomates en petits morceaux.
Pelez et coupez en petits morceaux un oignon et deux pommes. Ajoutez ces éléments au vinaigre. Versez une grosse cuillère à café de curry sur tout ça et laissez cuire à petits bouillons jusqu'à la consistance d'une confiture.
Surveillez bien pour ne pas laisser accrocher et brûler la préparation. Mettez dans un pot et conservez au réfrigérateur.

Les achards

Autres condiments d'origine indienne qui peuvent être très bien utilisés en accompagnement de nos cuissons au pot. On trouve toutes sortes d'achards dans le commerce, un peu chers, mais il est assez facile d'en faire à la maison.

Recette

Lavez, pelez et détaillez en tout petits morceaux un demi-poireau, deux échalotes ou un demi-oignon, deux gousses d'ail et si possible une noix de gingembre frais.
Dans une poêle, faites chauffer trois cuillères à soupe d'huile d'olive ou d'huile neutre.
Mettez vos légumes détaillés dans cette huile pour les faire cuire doucement sans coloration. Ajoutez une pincée de sel et une grosse cuillère à café de poudre de curry.
Une fois vos légumes presque cuits, mouillez avec le jus d'un citron ou mieux d'un citron vert. Une fois le liquide totalement évaporé, c'est prêt. Laissez refroidir pour déguster en condiment de viande froide, de poisson ou de nos cuissons au pot.

L'aillade

Des marchands d'aillade proposaient leur préparation dans les rues au Moyen Âge, ce qui en ferait l'une des plus anciennes sauces condimentaires de la cuisine européenne. Simple à faire, elle est délicieuse mais un peu lourde à digérer et surtout un peu encombrante pour l'haleine.

Recette

Réduisez en pâte 15 cerneaux de noix (demi-noix décortiquées) et une gousse d'ail pelée dont vous aurez retiré le germe (partie verte au milieu de la gousse).
Dans un bol, ajoutez à cette pâte de noix et d'ail un jaune d'œuf, une pincée de sel et de poivre. Fouettez en ajoutant de l'huile afin de monter la sauce comme une mayonnaise. C'est prêt !

L'aïoli

Célèbre sauce à l'ail méridionale, elle accompagne la morue et les légumes cuits à l'eau mais elle peut tout aussi bien donner l'accent du Midi à un pot-au-feu, une poule-au-pot ou un jarret.

Recette

Réduisez en pâte, grâce à un couteau ou un pilon, six gousses d'ail pelées et dégermées. Dans un bol, ajoutez à cette pâte une pincée de sel, de poivre, le jus d'un demi-citron et un jaune d'œuf. Mélangez bien avec une fourchette ou un fouet et ajoutez petit à petit de l'huile d'olive pour obtenir une sauce ayant la même consistance qu'une mayonnaise. C'est prêt. C'est bon, mais c'est costaud.

La gremolata

Cette préparation d'origine italienne sert à réaliser la sauce du jarret cuit en osso bucco. Mais rien ne nous empêche de la détourner, car elle est délicieuse, pour accompagner nos plats au pot. Facile à réaliser, elle ne se conserve que deux ou trois jours au maximum.

Recette

Hachez ensemble au couteau ou, même si c'est moins élégant, au hachoir électrique, deux poignées de persil simple lavé à l'eau fraîche et équeuté, quatre filets d'anchois à l'huile, une gousse d'ail pelée et dégermée et 5 cm de zeste de citron.

Une fois que le tout est haché finement, mettez dans un bol, salez légèrement, poivrez ou pimentez généreusement et allongez d'huile d'olive. Ne soyez pas chiche avec l'huile d'olive, il faut qu'elle baigne votre préparation (environ 10 cl).

La vinaigrette

Parfumée et joliment vinaigrée, une vinaigrette maison fait merveille avec un jarret de veau au bouillon mais pourquoi pas aussi avec une poule-au-pot, un pot-au-feu et même une potée.

Recette

Dans un bol, mélangez trois cuillères à soupe de vinaigre de vin, cinq cuillères à soupe d'huile (vous pouvez utiliser de l'huile de noix ou de l'huile d'olive diluée avec de l'huile de colza, en gros deux pour trois), du sel et du poivre. Mélangez bien.

Vous pouvez ajouter une poignée de feuilles de persil plat hachées, une gousse d'ail pelée et dégermée coupée très finement et surtout une à deux échalotes pelées et coupées très finement.

Tournez et mélangez cette vinaigrette chaque fois que vous vous servez.

Le lipig

C'est breton, c'est du beurre. Petite préparation délicieuse pour accompagner le kig ha fars ou plus généralement le pot-au-feu à la bretonne qui mélange souvent viande de bœuf et porc salé.

Recette

C'est simple, trois échalotes ou un gros oignon de Roscoff (oignon rosé doux) pelés ou coupés finement puis mis à fondre (à cuire doucement) dans 100 g de beurre salé. C'est tout.

Ce beurre parfumé sert à arroser les légumes et la viande.

LES RESTES
LE BOUILLON

Un bouillon de pot-au-feu, de poule-au-pot ou de jarret est une merveille. Simplement refroidi pour vous permettre de retirer la majeure partie de la graisse figée, faites-le réchauffer pour le déguster tout simple.

Dans votre bol ou votre assiette, vous pouvez ajouter une lampée de vin rouge, la couleur est étrange mais le goût formidable, le petit Jésus en culottes de velours. C'est le fameux chabrot.

Pour le servir en soupe plus nourrissante, vous pouvez faire cuire des pâtes dans ce bouillon, coquillettes, étoiles ou en forme de lettres.

De même, le bouillon peut vous servir à faire cuire du riz ou des pâtes. Ceux-ci prendront le goût du bouillon.

Le bouillon se congèle facilement dans des bouteilles de récupération en plastique. Ainsi, pour réaliser une soupe et remplacer l'eau par du bouillon ou mouiller un braisé (voir page 77), le bouillon sera facilement à disposition.

Dans votre bol ou votre assiette,
vous pouvez ajouter une lampée de vin rouge,
la couleur est étrange mais le goût formidable,
le petit Jésus en culottes de velours.
C'est le fameux chabrot.

LES RESTES

LA TERRINE EN GELÉE

Si vous avez pris la peine d'ajouter à vos cuissons au pot un pied-de-veau, de la queue de veau ou de bœuf, le bouillon se transformera en gelée en refroidissant. Pourquoi ? Parce que tous ces morceaux sont riches en gélatine naturelle. Cette gelée va vous servir à emprisonner et maintenir des ingrédients solides sous forme de terrine.

Garnissez un moule, terrine, moule à manqué, moule à cake, pourquoi pas une assiette creuse, avec du film étirable. Il faut que le papier film épouse les formes de votre moule.

Mettez votre bouillon dans une casserole pour le faire bouillir et en faire évaporer une partie jusqu'à ce qu'il ne reste que la moitié du volume de départ. Ainsi, vous épaissirez votre gelée et concentrerez le goût.

Autre solution, au lieu de le faire réduire, ajoutez-lui de la gélatine qui durcira la gelée. Comptez une feuille de gélatine (environ de 2 g) pour 20 cl de bouillon. Faites ramollir les feuilles de gélatine dans de l'eau froide. Chauffez le bouillon. Essorez, pressez entre vos doigts les feuilles de gélatine et ajoutez-les au bouillon chaud. Tournez, mélangez avec une cuillère, elles fondent instantanément.

Réduire : se dit d'une sauce ou d'un jus que l'on fait cuire pour leur permettre de se concentrer sous l'action de l'évaporation.

Vous pouvez ajouter à cette gelée légèrement refroidie des herbes fraîches grossièrement hachées pour relever le goût, comme de l'estragon, du persil, du cerfeuil ou du basilic.

Dans votre plat garni de papier film, rangez et répartissez les restes de légumes et viandes de vos cuissons au pot en ayant pris soin de les découper en longueur sur 1 cm d'épaisseur: les carottes coupées en quatre dans la longueur, les poireaux fendus en deux, la viande coupée en bandes...

Au fur et à mesure que votre plat se remplit, couche après couche, ajoutez un peu de bouillon légèrement refroidi pour couvrir les ingrédients. Terminez par du bouillon, une fois votre plat rempli, pour égaliser la surface. Tassez un peu. Le bouillon, qui va devenir une gelée, sert de ciment à la terrine. Glissez au réfrigérateur pour laisser durcir la gelée pendant une demi-journée.

Une fois votre terrine durcie, sortez-la du réfrigérateur, retournez-la sur un plat de service ou une planche à découper, tirez légèrement sur le film pour démouler. Retirez délicatement le film. Il ne vous reste plus qu'à tailler de belles tranches et à déguster. Agrémentez pourquoi pas de l'un de nos accompagnements pour relever le goût (voir page 54).

LES RESTES
LA SALADE DE VIANDE

Dans les restes de viandes de vos cuissons au pot, taillez de très fines tranches que vous mettez dans un saladier.

Assaisonnez cette découpe avec une vinaigrette, riche en vinaigre et en échalotes (voir accompagnements, page 54). Mélangez et dégustez.

LES RESTES
LE HACHIS PARMENTIER

Récupérez les restes de viandes de vos cuissons au pot (bœuf, veau ou poule). Hachez-les. Ajoutez, si possible, à ce hachis, du persil et un verre de bouillon pour éviter qu'il ne dessèche à la cuisson.

Préparez une purée de pommes de terre avec cinq à six pommes de terre moyennes (plus ou moins 1 kg) pelées et cuites à l'eau salée. Une fois cuites, égouttez et écrasez-les dans la casserole de cuisson à la fourchette ou au moulin à légumes. Ajoutez au moins 100 g de beurre, du poivre et de la muscade et mélangez sans brusquer votre purée – plus il y aura de beurre, meilleure sera votre purée, vous pouvez aller jusqu'à 250 g. Diluez pour obtenir la bonne consistance (souple sans être liquide) avec du lait.

Étalez la viande hachée au fond d'un plat à gratin et recouvrez avec la purée. Glissez à four chaud (thermostat 6/7 ou 180 °C) pour une demi-heure. C'est prêt. Vous pouvez déguster avec une salade verte.

LES RESTES
LES CROQUETTES

S'il vous reste de la viande et des légumes de vos cuissons au pot, dont une ou deux pommes de terre, que vous prenez la peine de bien égoutter et d'écraser finement à la fourchette, ou un peu de hachis Parmentier, vous pouvez réaliser de délicieuses croquettes cuites à la poêle.

Ajoutez des œufs à votre hachis – en gros, un œuf pour quatre grosses cuillères à soupe de hachis. Ajoutez un peu de sel et de poivre et, si vous en avez, quelques herbes fraîches comme du persil, du basilic, du cerfeuil. Mélangez bien.

Dans poêle chaude, mettez une cuillère à soupe d'huile (d'olive, c'est mieux). Une fois l'huile bien chaude, déposez des petits tas de hachis à l'œuf à l'aide d'une cuillère à soupe. Aplatissez légèrement et laissez prendre sur une face.

Retournez avec une spatule ou une fourchette. Laissez de nouveau bien colorer. Servez très chaud. Vous pouvez accompagner ces croquettes d'une salade verte.

LES RESTES
LE MIROTON

Grand classique pour utiliser les restes de viandes d'un pot-au-feu. Pelez, fendez en deux et coupez en fines tranches deux gros oignons. Dans une poêle, faites chauffer deux cuillères à soupe d'huile (d'olive, de tournesol...) et mettez à cuire doucement les oignons.

Une fois les oignons translucides, sans être colorés, ajoutez dans la poêle un verre de bouillon de votre pot-au-feu, une cuillère à soupe de vinaigre, une cuillère à café de moutarde, un peu de sel et du poivre. Portez à ébullition.

Coupez votre viande de pot-au-feu en tranches épaisses. Répartissez ces tranches dans un plat à gratin. Couvrez avec la fondue d'oignons au bouillon. Il faut que la viande baigne bien dans le bouillon pour éviter qu'elle ne se dessèche.

Vous pouvez couvrir de chapelure mais c'est tout à fait facultatif. Glissez le plat dans un four chaud (thermostat 7 ou 200 °C) pendant 15 minutes.

Servez parsemé de cornichons coupés en tranches (facultatif). C'est prêt.

SCÉNARIO AUTOUR D'UN FRIGO ET D'UN PLACARD

SCÉNARIO 2
UN VENDREDI 18 H 30

Ça y est, la semaine est finie. La pression descend et nous avons bien envie d'un plat réconfortant pour saluer le début du week-end. La journée a été mi-figue mi-raisin question temps, pluie fine, et, question température, polaire. Quelque chose de rond pour le goût et de complet en un seul plat pour faire efficace.

Ouverture du frigo, qu'avons-nous? Tiens, deux cuisses de poulet en barquette. Au rayon légumes, trois carottes et deux poireaux qui espéraient une soupe. Bon, bon, bon. Une petite cuisson au pot, ça prend une heure tout compris et ça s'oublie à petits bouillons.

C'est simple et c'est juste une mise en place. J'épluche mes trois carottes et mes deux poireaux. Puis lavage à l'eau fraîche. Je farfouille, je dois bien avoir un oignon et une gousse d'ail? Aussitôt trouvés, aussitôt pelés. J'ai du riz, parfait, j'en remplis un verre à vin.

Une grosse casserole en inox, un faitout, ou même la cocotte en fonte multiusages, peu importe, un contenant de cuisson pouvant recevoir tous mes ingrédients et du bouillon fera l'affaire.

Vous avez compris, nous mettons en route du poulet cuit au pot avec légumes, un peu à la sauvage, mais qui pourra être tout à fait réconfortant avec un condiment d'accompagnement. Nous nous occuperons du condiment pendant la cuisson.

Donc, dans ma casserole, je mets les deux cuisses de poulet. Je couvre d'eau et mets sur le feu vif. Pas trop d'eau pour ne pas trop diluer les goûts, à peine de quoi noyer nos cuisses. Celles du poulet je veux dire! Le but est de porter à ébullition. Dès que celle-ci apparaît, je baisse le feu et, grâce à une écumoire ou une cuillère, j'écume un peu. Mais sincèrement, ce n'est pas obligatoire.

Une fois l'ébullition en route, j'ajoute carottes, poireaux, ail et oignon. Je couvre (mais même ça, ce n'est pas obligatoire) et je remonte le feu pour remettre en ébullition. Dès que ça bouillonne, je réduis la flamme et c'est parti pour une cuisson de trois-quarts d'heure. Largement suffisant pour mes légumes et mes petites cuisses de poulet.

Ouverture de ma réserve d'épices. Avec quoi vais-je parfumer ma cuisson? Du poivre, logique et indispensable, comme le thym et le laurier. Mais quelques bonnes pincées variées pourraient donner un peu plus de relief. Alors, c'est au choix suivant ma réserve: gingembre en poudre, cumin, carvi, estragon, paprika, fenouil, cardamome... sans oublier une petite cuillère à café de sel (gros ou fin, peu importe!).

Je réunis mon choix dans une tasse que je basculerai dans mon bouillon après un quart d'heure de cuisson. Si j'étais chic, je pourrai mettre toutes ces épices dans une gaze, un petit tissu de coton, pour ne pas troubler mon bouillon.

Passons au condiment. Bon, je pourrai simplement utiliser la mayo en tube du frigo mais, sérieux, c'est un peu gras, simpliste et le début du week-end mérite mieux. Il y a toujours le trop facile ketchup ou la sauce soja, peut-être trop exotique ce soir. Tiens, j'ai des olives vertes dénoyautées. Pas mal.

Allez, soit au robot qui hache tout, soit sur la planche avec un couteau qui coupe bien, un joli petit mélange va être réduit à l'état de pommade, de pâte, un truc bien fin quoi.

Une poignée d'olives vertes dénoyautées bien égouttées, une petite gousse d'ail, du poivre, pourquoi pas un anchois au sel ou à l'huile, mais c'est comme vous voulez, un peu de thym sec ou frais et, pour finir et pour lier, un peu de poudre d'amandes ou de noisettes mais, là aussi, c'est seulement si vous avez. Brumm brumm ou clac clac, je réduis, je réduis. Je récupère mon mélange, je le mets dans un joli ramequin et je l'allonge avec de l'huile d'olive. Là, je goûte. Pas mal. Une cuillère à café pour manger avec mon poulet-légumes au pot, ça marchera.

Allez, j'ai un gros quart d'heure pour me détendre les orteils et profiter d'un fauteuil.

Voilà trois-quarts d'heure que cuit mon poulet-légumes. J'arrête la cuisson.

Il reste juste le riz et je pourrai passer à table. Dans une casserole, je verse mon riz que je couvre de bouillon. Oui, oui, celui du poulet. En gros, il faut que mon riz soit recouvert de l'épaisseur d'un doigt de bouillon. Et hop, sur le feu. Ébullition, je baisse la flamme, tout petits bouillons, une pincée de sel et je couvre la casserole. Je laisse cuire à l'étouffée à feu très doux pendant un quart d'heure à vingt minutes, le temps que le riz soit tendre et ait absorbé tout le bouillon.

Là, je crois que l'on peut passer à table. Quatre assiettes et dans chacune un morceau de poulet, des carottes, du poireau, du riz sans oublier la cuillère de condiment aux olives.

C'est presque la belle vie.

Dans une casserole, je verse mon riz que je couvre de bouillon.
Oui, oui, celui du poulet.
En gros, il faut que mon riz soit recouvert de l'épaisseur
d'un doigt de bouillon.
Et hop, sur le feu.

Bien rôti !

Tout réside dans la science du feu et du couteau bien aiguisé. Avec le rôti nous sommes dans un monde de précision.

Pourtant, l'acte est simple : une pièce de viande, de la matière grasse et un feu vif.

Mais chaque élément doit être juste. Une viande de bon morceau mais bien préparée par le boucher. Une cuisson menée grand train mais avec sûreté. Un assaisonnement judicieux mais déterminé. Un peu d'attente. Un jus vif et perlé de gras mais d'une dilution exacte. Et un tranchage net, livrant la chair aux plaisirs du gourmand.

Les rôtis sont des plats de communion. Peu fréquents car assez chers, les rôtis ne supportent pas la cuisine « à la va-vite ». Contrairement aux cuissons par dilution, soupe, cuisson au pot et braisé, qui aiment à s'alanguir dans le liquide, les rôtis se trouvent à l'exact opposé. C'est de la concentration qu'il faut, dans l'acte, dans la cuisson et dans la découpe.

Les produits, dans nos chapitres précédents, ouvraient tout grand leurs pores pour parfumer les bouillons et les sauces. Dans les rôtis, nous devrons capturer les sucs, dorer les extérieurs et caraméliser les jus.

L'acte de rôtir a pour but de créer une barrière sur toutes les faces de la chair pour retenir le goût et développer la tendresse.

BIEN
RÔTI !

LA TECHNIQUE DU RÔTI
LA GUERRE DU FEU

Le maître mot est «saisir». Dans une matière grasse, très chaude, presque fumante, la viande, à température ambiante de la cuisine, est déposée.

Sans jamais la piquer, pour éviter l'écoulement des sucs, il faut la retourner et poursuivre la saisie. Ainsi, chaque face sera dorée à souhait. Pas une parcelle de surface ne restera crue.

Là, et seulement là, il vous faudra saler pour que le sel, gourmand en humidité, ne tire pas à lui ce que vous avez enfermé par rôtissage. Toujours sur feu vif, la cuisson sera conduite pour un temps précis (voir ci-dessous). Ce rôtissage peut d'ailleurs se faire sur le feu ou, mieux, à four très chaud.

Four ouvert, le plat tiré au bord, le rôti recouvert d'une feuille d'aluminium, attendez 10 à 15 minutes. C'est nécessaire afin de laisser les chairs se détendre et la chaleur pénétrer.

Sortez le rôti pour le trancher. Ajoutez au plat de cuisson un soupçon de liquide (eau, vin blanc, bouillon) pour diluer les sucs accrochés et faire le jus.

Versez ce jus dans un petit bol bien chaud. N'oubliez pas le poivre fraîchement moulu sur les tranches de rôti. Servez.

LES ÉTAPES

1
Saisissez la viande dans une matière grasse très chaude.

2
Salez la viande.

3
Faites cuire au four.

4
Découpez la viande et réalisez le jus.

Saisir : le rôti saisi doit être surpris par la chaleur de la matière grasse, comme des jeunes gens sont émerveillés par l'intensité d'un premier baiser. Cette surprise entraîne bien sûr une légère coloration, emprisonnant les jus.

Maturer : une viande maturée est une chair que le boucher a eu l'intelligence de faire patienter, au moins une semaine, pour lui permettre de se détendre et de gagner en tendresse.

Quel rôti ?

Ce sont les morceaux nobles, riches en muscles, qui se rôtissent. Là, plus que jamais, le boucher exerce son art. Un bon boucher sait choisir les bons morceaux et fait maturer sa viande pour l'attendrir.

Les quantités

En général, comptez 200 g de viande par personne mais pensez que le rôti mangé froid fera un deuxième plat de fête. Soyez, si vous le pouvez, généreux sur les quantités.

Un poulet d'environ 1,4 kg nourrira parfaitement quatre personnes et laissera de la viande froide à manger avec une bonne mayonnaise maison.

Les temps de cuisson

C'est l'une des clés pour réussir un bon rôti.

Souvenez-vous qu'au départ nous avons affaire à des viandes tendres et juteuses. Tout en cuisant, un rôtissage bien fait doit permettre de garder intactes ces qualités.

Bœuf et agneau sont des viandes qui peuvent se manger plus ou moins saignantes – et quand on dit « à point » ce n'est en aucun cas trop cuites, donc desséchées. Le veau peut être légèrement rosé. Le porc comme le poulet devront être cuits uniformément.

En règle générale, pour un rôti, le temps de cuisson est indiqué pour 500 g. Pour du bœuf saignant, comptez 15 minutes. Pour un agneau presque saignant, comptez 13 minutes. Pour du porc bien cuit, comptez 30 minutes. Pour du veau très légèrement rosé, comptez 25 minutes. Pour un poulet bien cuit, comptez 25 minutes.

Ainsi, pour un poulet de 1,250 kg, il faudra le faire cuire 1 h 10 à 1 h 15. Pour un rôti de bœuf de 900 g que vous voulez manger saignant, comptez 20 minutes.

Pour des viandes plus cuites, augmentez le temps de cuisson par paliers de 5 minutes pour avoir un rôti rosé et cuit à point.

Autre petit truc pour juger de la cuisson d'un gigot ou d'un rôti de bœuf : il faut le toucher. En effet, plus une viande est cuite, plus elle est ferme ; moins elle est cuite, plus elle est souple. D'un doigt décidé et ne craignant pas trop la chaleur, touchez votre rôti. S'il est très souple c'est qu'il est très saignant, s'il est très ferme c'est qu'il est bien cuit.

DÉBUTANT ATTENTION

La maîtrise du feu, de sa force, de sa violence, voilà certainement la difficulté des rôtis. Saisir sans brûler, colorer sans dessécher, il n'y a malheureusement que l'expérience qui sert. Chaque fois que vous faites rôtir une viande, essayez de bien mémoriser tous les détails de mise en route et toutes vos remarques pour accumuler de l'expérience.

Le matériel

C'est presque le « plat-étalon » : la cocotte en fonte ! Elle est parfaite pour cuire un rôti aussi. Effectivement, le vrai problème, c'est son prix mais une cocotte en fonte bien entretenue, c'est parfait pour un gratin, un braisé, un rôti, des patates au four, etc. C'est un investissement auquel réfléchir ou alors conseillez à vos amis ou à votre famille de se cotiser pour vous en offrir une…

Une plaque métallique, dite plaque à rôti, souvent livrée avec le four fonctionne aussi très bien. Un peu encombrante à utiliser, faites attention à ne pas vous brûler.

Les plats à gratin en terre ou en Pyrex ne sont pas les mieux adaptés car ils ne permettent pas de saisir la viande en début de cuisson.

La découpe

Il est important d'insister sur cet aspect des rôtis.

Les tranches taillées dans ces viandes à la cuisson soignée méritent d'être faites avec un couteau bien aiguisé, très tranchant. Oubliez les terribles couteaux à microdents qui ont tendance à déchirer la viande.

Pour les rôtis de pleine chair, les tranches fines (5 mm) libérant leur jus sont plus goûteuses.

Pour les rôtis avec os, une solution est de dégager la viande en suivant l'os avant de la débiter en tranches pour que chacun ait du cuit et du moins cuit.

Pour le poulet, si vous ne l'avez jamais fait, commencez par lever les deux filets, que l'on appelle les blancs, en suivant le sternum, l'os séparant la poitrine. Puis dégagez les cuisses en allant chercher la jointure de l'os du haut de cuisse et de la carcasse.

Plus vous découperez, plus vous connaîtrez cette satanée carcasse et plus vous serez précis avec votre couteau. C'est un exercice.

LES VIANDES

LE BŒUF

Le rosbif, grand classique, est paré, bardé et ficelé. Il peut être fait dans des morceaux un peu fermes (c'est là que la maturation prend toute son importance) comme la tranche grasse, le tende de tranche ou le gîte à la noix.
Plus chers, car les morceaux sont encore plus nobles, filet, faux-filet et rumsteck sont aussi utilisés pour faire de très tendres rôtis.
Vous pouvez aussi rôtir de la même manière une grosse côte ou encore, pour un petit rôti très délicat, une poire de bœuf (pour profiter de ce morceau vous devez le commander à votre boucher qui, en général, le débite en steaks).

L'AGNEAU

Il y a bien sûr le gigot. Mais l'ensemble des côtes, bien parées, fait un rôti formidable sous le nom de « carré ».
N'oubliez jamais de réclamer à votre boucher les os et les parures de ses découpes. Mis à rôtir à côté de la pièce de viande, ils fourniront et enrichiront le jus.

LE VEAU

Les noix, le quasi et, bien sûr, le filet font des rôtis de choix.
Cependant, comme pour l'agneau, plusieurs côtes peuvent aussi se rôtir sous le nom de « carré ».

LE COCHON

Le filet, bardé et ficelé, est le rôti de porc le plus connu. Un peu sec, il demande tout particulièrement à être accompagné d'un bon jus.
Un « carré » de porc est aussi un merveilleux rôti.

LE POULET

Un poulet bien élevé, c'est-à-dire en plein air et au grain, se rôtit parfaitement bien. Une peau dorée et croustillante et, surtout, un jus abondant et parfumé sont des saveurs que l'on n'oublie pas.

LES PARFUMS

La question est complexe car c'est souvent un sujet d'affrontement.

L'AIL

Doit-il être piqué dans la viande ou mis à côté de la viande ? Vous pouvez inciser votre rôti de bœuf ou votre gigot avec un couteau pointu pour glisser dans les chairs des demi-gousses d'ail pelées.
Vous pouvez aussi ajouter simplement des gousses d'ail non pelées (on dit de « l'ail en chemise ») autour de la viande 10 minutes avant la fin de la cuisson.
La deuxième technique est quand même plus élégante car l'ail dans le jus l'aura parfumé et sera bien cuit et tendre. Mis à l'intérieur de la viande, le goût sera trop fort, les gousses restant crues dans une viande saignante.

LES ÉCHALOTES

Ajoutées aussi en chemise, quatre à cinq échalotes peuvent être mises à cuire dans le jus.

LES AROMATES ET L'ASSAISONNEMENT

Le poulet, par exemple, est assez accueillant en son intérieur. Thym, romarin et surtout estragon peuvent diffuser leur parfum tout au long de la cuisson pour bien imprégner la viande.
Bien sûr le sel, ajouté après le début du rôtissage, et le poivre, fraîchement moulu en fin de cuisson, sont indispensables. Le piment peut avantageusement remplacer le poivre.
Enfin, une branche de thym frais ajoutée en toute fin de cuisson dans le jus sera parfaite.

LES PETITS PLUS

LA MAYONNAISE

C'est la sauce pour accompagner une viande de rôti froide. Certes, vous pouvez vous rabattre sur une mayonnaise toute prête, mais une mayonnaise maison sera bien meilleure.
Dans un grand bol, mettez un jaune d'œuf, une cuillère à café de moutarde, une pincée de sel et de poivre. Mélangez bien avec un fouet manuel ou électrique, ou encore avec une fourchette.
Introduisez petit à petit de l'huile tout en fouettant (l'huile de colza est parfaite crue et surtout très riche en omégas 3 qui favorisent le fameux bon cholestérol).
Prenez soin de bien incorporer l'huile avant d'en ajouter de nouveau. La mayonnaise devient ferme si la quantité d'huile est assez importante et si vous fouettez bien. Arrêtez-vous quand vous estimez avoir la bonne quantité. À la fin, ajoutez un soupçon de vinaigre ou de jus de citron.
La mayonnaise peut accueillir des herbes fraîches hachées comme du persil, du basilic, du cerfeuil, de l'estragon… Vous pouvez aussi faire varier son goût en utilisant une moutarde plus ou moins condimentée.

LA MOUTARDE

Elle donne de la force et de la vivacité à une viande rôtie chaude. Elle est l'accompagnement classique d'un rôti avec une salade verte et des pommes de terre frites ou des pommes de terre sautées.

Le jus

Pendant la cuisson de votre rôti au four, vous pouvez ajouter autour des os demandés à votre boucher pour augmenter la production de jus.
Celui-ci est le résultat de la « caramélisation » des sucs dans le fond du plat de cuisson que vous diluez avec un demi-verre d'eau, de vin blanc ou de bouillon.

Les pommes sautées

Il est toujours utile de rappeler les règles simples pour réussir de bonnes pommes de terre sautées. Vous mettrez en route ce plat juste avant de faire votre rôti.
Prenez un petit kilo de pommes de terre bien pelées à chair ferme (Charlotte, BF15…). Détaillez en cube de 1 cm de côté. Lavez à l'eau fraîche et essuyez bien dans un torchon propre.
Dans une grande poêle antiadhésive ou un sautoir (poêle à bords droits, hauts de 5 cm), faites chauffer 3 cuillères à soupe d'huile (de tournesol, spéciale friture, pourquoi pas une bonne huile d'olive ou encore de la graisse de canard). Vous pouvez aussi mélanger beurre et huile.
Quand la matière grasse est chaude, ajoutez vos pommes de terre et 3 ou 4 gousses d'ail non pelées (en chemise).
Faites sauter et colorer uniformément en secouant votre poêle et/ou en tournant avec une spatule en bois.
Une fois les patates bien dorées, baissez le feu pour parfaire la cuisson. Vérifiez en goûtant qu'elles sont bien cuites et salez à la fleur de sel ou au sel fin juste à la fin.
C'est prêt.
Ces pommes sautées peuvent se manger aussi sans rôti avec une bonne salade verte pour le repas du soir.

La verdure au jus

C'est un accompagnement parfait pour les rôtis, seul ou à côté de pommes de terre frites ou sautées.
Épinards équeutés, vert de blettes ou choux chinois, effeuillés et lavés à l'eau fraîche, cuits dans une poêle très chaude avec un soupçon d'huile d'olive ou de beurre jusqu'à évaporation du liquide de cuisson.
L'important c'est que ces verdures ne baignent pas dans l'eau qu'elles rendent à la cuisson. Vous pouvez jeter cette eau si elle trop abondante. Et juste au moment de servir, ajoutez un peu de jus du rôti.

Pour les restes de rôtis

Tous les rôtis font de succulents restes, divins à manger sans trop se fatiguer en préparations, avec du beurre, de la mayo et des cornichons.
Mais ces restes de rôtis aiment à être tranchés finement pour les rendre plus légers et agréables à la dégustation. Et si beurre et mayo sont formidables, surtout s'ils sont de bonnes factures, bien des sauces peuvent revigorer les restes de rôtis. Les sauces dont nous avons donné les recettes pour les cuissons au pot peuvent aussi accompagner un rôti froid (voir page 54).

Une gremolata, un pistou, une chermoula ou une sauce d'inspiration asiatique peuvent vous changer le quotidien.
Voici quelques recettes pour agrémenter des restes de rôtis.

La *chermoula*

C'est normalement une marinade utilisée pour les poissons au Maroc, mais qu'est-ce qui nous empêche d'en faire une sauce d'accompagnement ? Rien ! C'est simple : mélangez 1 bouquet de coriandre fraîche et 2 gousses d'ail finement hachées au couteau au mieux, avec un hachoir électrique au pire. Ajoutez et mélangez bien avec 3 cuillères à soupe d'huile d'olive, le jus d'un citron, 1 cuillère à café de cumin en poudre, 1 pincée de sel et du piment suivant votre goût. C'est tout.
Vous pouvez ajouter une tomate pelée et épépinée, hachée finement pour adoucir et rendre plus onctueuse la sauce.

Petite chinoiserie

La base c'est sucre, acide et sel que vous pouvez réaliser ainsi : 1 cuillère à café de sucre en poudre diluée dans 2 cuillères à soupe d'eau tiède, le jus d'un demi-citron et 2 cuillères à soupe de sauce soja ou de nuoc-mâm. À ça, vous pouvez ajouter 1 gousse d'ail hachée, ou un petit bout de gingembre haché ou encore 5 cm de tige de citronnelle finement détaillée. C'est parfumé, mais surtout léger-léger, de quoi nourrir un régime.

LES MODÈLES
CLASSIQUE ROSBIF

Un beau rôti, bien paré, bardé et ficelé d'environ 1 kg. Vous aurez demandé à votre boucher une pièce ayant du goût, bien maturée (ça va l'épater).

Faites chauffer votre four au maximum. Posez votre plaque à rôtir sur le feu le plus fort de votre cuisinière, le plus puissant, pour faire chauffer 1 cuillère à soupe d'huile (tournesol) et 1 noix de beurre. Graissez bien toute la plaque.

Quand la plaque vous semble très chaude, mettez votre rôti que vous aurez pris la peine de sortir du réfrigérateur au moins 1 heure avant. En vous aidant de deux fourchettes mais sans piquer la viande, faites-le dorer également sur tous les côtés. Ajoutez autour quelques os ou crosses de veau que vous aura donné votre boucher. Faites-les dorer en même temps que votre rôti. Salez.

Glissez au four pour 40 minutes maximum pour avoir une viande légèrement saignante. 10 minutes avant la fin de la cuisson, ajoutez autour du rôti, en les roulant dans le jus, trois gousses d'ail et trois échalotes en chemise.

Arrosez votre rôti avec sa matière grasse de cuisson, seulement cette matière grasse, deux à trois fois pendant la durée de la cuisson. Retournez-le une fois, toujours sans piquer.

Une fois le temps de cuisson écoulé, arrêtez le four, entrouvrez et couvrez le rôti d'une feuille d'aluminium. Laissez reposer 10 minutes.

Déposez le rôti sur une planche. Versez un demi-verre d'eau sur la plaque, après avoir jeté les os, et diluez bien. Déglacez les sucs accrochés pour faire le jus. Vous pouvez parfaire cette opération en mettant la plaque sur un feu vif. Versez ce jus avec ail et échalotes confites dans un bol préalablement chauffé avec de l'eau bouillante.

Retirez barde et ficelle du rôti avant de le découper en tranches fines. Rangez sur un plat préchauffé dans le four et encore chaud. Apportez à table avec un grand sourire.

Barder : avec une barde (morceaux gras de porc entourant un rôti), on protège le morceau de viande de la violence de la première chaleur et on nourrit sa cuisson.

Ail en chemise : c'est la gousse d'ail qui n'a pas enlevé sa chemise, qui a gardé sa pelure, sa peau, sa membrane protectrice.

LES MODÈLES
CLASSIQUE POULET

Chauffez le four à fond.

Prenez un beau poulet fermier, bien vidé et bien lié, de presque 1,5 kg. Garnissez son intérieur avec 3 gousses d'ail (si vous n'aimez pas l'ail, n'en mettez pas, c'est aussi simple que ça) et 1 belle branche de thym, d'estragon ou de romarin. Mettez aussi un peu de sel à l'intérieur.

Sans autre forme de procès, mettez votre poulet dans une cocotte ou sur la plaque allant au four. Arrosez d'un soupçon d'huile ou parsemez de quelques noisettes de beurre. N'oubliez pas de tapisser votre four avec des feuilles d'aluminium pour le préserver des salissures. Le four est chaud ? Allez hop, au four, pour 1 h 30.

Au fur et à mesure que votre poulet dore, retournez-le plusieurs fois en prenant soin de l'arroser de son jus de cuisson (n'ajoutez jamais d'eau) et de vider les sucs qui sont à l'intérieur. À mi-cuisson, salez l'extérieur. C'est important de l'arroser avec son propre jus durant la cuisson pour éviter le dessèchement.

Au bout de 1 h 30, il est beau, doré, la peau vous semble croustillante. Pour la dernière fois, sortez-le du four, videz bien les jus qui sont à l'intérieur et posez-le sur une planche à découper.

Posez la plaque ou la cocotte sur un feu vif et déglacez le jus avec un petit peu d'eau. Décrochez bien avec une cuillère tous les sucs accrochés au fond du plat.

Attaquez la découpe du poulet, d'abord les blancs puis le haut des cuisses. N'oubliez pas sous la carcasse les sot-l'y-laisse.

Versez le jus dans un bol bien chaud. Portez à table.

Déglacer : c'est dissoudre les glaces d'une cuisson en ajoutant un liquide. Déglacer sert à faire un jus : comme des sucs ont accroché au fond du plat, on ajoute un peu de liquide (eau, vin, bouillon) en fin de cuisson pour les dissoudre.

Sot-l'y-laisse : petit morceau sur la carcasse des poulets (en dessous) que les couillons oublient de manger.

LES MODÈLES

MOINS CLASSIQUE RÔTI DE PORC

Deux filets mignons bien parés. Prenez 2 gousses d'ail pelées et hachées très finement dans un bol auxquelles vous ajoutez un peu de piment en poudre, 3 pincées de cumin en poudre, 2 pincées de poivre, 4 pincées de thym sec ou 1 branche effeuillée (vous pouvez utiliser toutes les épices que vous aimez). Mélangez.

Avec la main, étalez, massez vos filets mignons avec ce mélange et laissez reposer votre viande dans un plat au réfrigérateur pendant 1 heure.

Chauffez votre four au maximum. Dans une cocotte ou dans une plaque à rôtir, mettez 3 cuillères à soupe d'huile d'olive que vous faites chauffer à feu vif. Une fois l'huile très chaude, faites dorer sur tous leurs côtés vos filets mignons marinés (vous ne les aurez pas essuyés). Salez.

Glissez au four pour 45 minutes à 1 heure. Vous devez les retourner deux ou trois fois durant la cuisson.

Ils sont cuits. Sortez vos filets mignons pour les déposer sur une planche. Découpez en tranches et rangez sur un plat chaud. Faites le jus avec un peu d'eau et arrosez les tranches de filets dans le plat. Servez.

Parer/parures : parer vise à retirer d'un morceau de viande les parties grasses et les tissus durs pour ne garder que la chair tendre. Les parures sont ces morceaux retirés par le boucher (gras, tissus, tendons, os) et qu'on ajoute à la cuisson du rôti afin de favoriser la formation de sucs pour faire du jus.

Quand vous faites un rôti, quelle qu'en soit la viande, vous pouvez ajouter quelques os tout autour de votre pièce à rôtir. Vous augmenterez ainsi la quantité de « caramel » de cuisson au fond du plat et donc de jus après avoir déglacé le plat.

SCÉNARIO AUTOUR D'UN FRIGO ET D'UN PLACARD

SCÉNARIO 3 EN SEMAINE, LE SOIR

Ça alors ! J'ai une nouvelle fiancée qui vient grignoter ce soir. Mais ça pourrait être une vieille cousine, ma mère ou n'importe qui d'autre. Mais c'est impromptu et chic.

Un petit grignotage à préparer, faut pas que ça pèse sur l'estomac, laisse le cœur léger et l'esprit vif.

Je connais la chanson, ouverture du réfrigérateur et réflexion.

Ça tombe bien, le week-end dernier j'ai fait un petit rôti de bœuf, mais pas question de simplement couper des tranches et de les servir avec de la mayonnaise et des cornichons. J'ai dit du chic.

Quoi d'autre ? Tiens, j'ai un concombre, de l'échalote et une laitue nettoyée.

Parfait, je vais préparer des rouleaux de bœuf aux légumes parfumés de sauce soja et d'huile d'olive.

Tout d'abord, je taille de très fines tranches de rôti. Trois par personne et bien fines.

Je coupe en deux mon concombre, je mets de côté une moitié pour plus tard et pèle l'autre. J'enlève les graines du milieu et découpe la chair en fins bâtonnets. Je pèle une échalote et la découpe en fines tranches. Je prépare quelques feuilles de salade découpées en lanières.

Sur chaque tranche de rôti bien à plat, je dépose un petit fagot de bâtonnets de concombre, une fine tranche d'échalote et de la salade. Je roule la tranche de rôti pour faire un petit rouleau et je transperce le tout avec un petit bout de bois, style cure-dent, pour maintenir.

C'est assez joli !

Je range mes petits rouleaux sur un plat de service.

Sur chacun d'eux, une bonne lampée de sauce soja puis une rasade d'huile d'olive. Pas la peine d'ajouter du sel, la sauce soja est assez salée.

En revanche, quelques tours de moulin à poivre ou du piment en soupçon.

Pour parfaire le tout, ce serait bien si j'avais un peu de persil, de basilic ou de cerfeuil, voire de la coriandre. J'en ai au frigo dans un verre ou, mieux, comme je suis prévoyant, dans un pot sur le bord de la fenêtre. C'est assez simple, du printemps à l'automne, d'entretenir un pied de persil et de basilic dans un petit pot.

Donc quelques feuilles fraîches et parfumées sont déposées sur mes rouleaux.

Je garde le tout au frais en attendant l'arrivée de mon invitée.

Et promis, c'est joli, c'est bon et c'est frais.

Ça tombe bien, le week-end dernier j'ai fait un petit rôti de bœuf,
mais pas question de simplement couper des tranches et de les servir
avec de la mayonnaise et des cornichons.
J'ai dit du chic.

Braisé tendre !

Qu'est-ce que c'est que ça ? Des morceaux de viande par chers ou un poisson entier, quelques légumes pour le parfum, un soupçon de liquide, le tout glissé au four pour cuire tout doucement, tout doucement, et donner un plat tendre à souhait.

C'est toujours aussi simple. On saisit, c'est mieux, on parfume, on mouille et on laisse cuire. Une viande braisée aime à se faire oublier pour confire joyeusement. Daube, poisson au four, endive braisée, osso bucco, gigot de 7 heures, tajine, tous ces plats très connus sont des braisés.

Basés sur la concentration des goûts, les braisés appelés aussi braisages sont des plats qui peuvent être réchauffés, et même se le doivent. Tout comme les plats cuits au pot, les braisés sont faits pour de grandes tablées. Vous pouvez surgeler un reste conséquent sans problème, cela vous fera un dépannage facile à réchauffer pour un repas impromptu. Un petit reste de braisé de viande peut aussi garnir à merveille des raviolis ou des cannellonis maison.

Si soupes et plats au pot peuvent accueillir beaucoup d'ingrédients, les braisés le sont tout autant, le but du jeu étant de marier, d'unir, d'amalgamer, de conjoindre les parfums afin de laisser en bouche un goût pénétrant à la texture onctueuse. Ce sont des plats qui fabriquent du souvenir.

Et si les recettes sont nombreuses, bien souvent vous créez votre propre recette, votre souvenir, en suivant votre goût, votre origine et la saison pour régaler vos proches. Vous verrez, ceux-ci sont capables de revenir souvent vous rendre visite et vous dire : « tu as fait ta daube ? Tu as fait ton tajine ? »

BRAISÉ
TENDRE

LA TECHNIQUE DU BRAISÉ

D'ABORD DU VIF, DU DOUX APRÈS

Une fois choisi le produit à braiser, vous le faites saisir pour le colorer légèrement, vous ajoutez toute une ribambelle de légumes, d'épices et d'aromates pour donner du goût, une lampée de liquide pour éviter tout dessèchement et vous laissez cuire doucement.

Des poissons, des légumes et de nombreux morceaux de viande peu onéreux aiment se faire braiser. Le maître mot du braisé est certainement « pas cher ». Pas chères car abondantes à certains moments de l'année ou pas assez chics pour certains, ces matières premières doivent aussi pouvoir résister à des cuissons un peu énergiques et souvent assez longues.

LES ÉTAPES

1 Colorez la viande.

2 Ajoutez la garniture.

3 Versez le liquide.

4 Faites cuire à feu vif, puis plus doucement.

Pour le parfum

C'est une cohorte d'éléments qui viendront accompagner le produit principal dans sa cuisson. Ce n'est pas réellement un accompagnement à part entière mais bien plus, comme le baptisent les cuisiniers, une garniture aromatique.

Garniture aromatique : des légumes pelés et coupés en petits morceaux ajoutés pour aromatiser et parfumer une cuisson.

Légumes, aromates, épices, mais aussi olives, anchois, lardons donneront leurs goûts et leurs parfums à la matière première et surtout à la sauce finale. C'est là que votre goût et votre imagination joueront.

Un autre élément de choix consiste en la teneur du liquide qui fera la base de la sauce. Cela peut être, le plus simplement du monde, de l'eau mais aussi du vin blanc ou rouge, ou encore un bouillon récupéré dans nos cuissons au pot que nous aurons pris la peine de congeler.

Les quantités

Ce ne sont pas des plats pour tablée chipoteuse. Il faut en faire pour 8, pour 10, et ensuite on réchauffe, on détourne ou on conserve au congélateur.

La découpe

C'est assez simple. La viande est découpée en gros morceaux, voire en pièce entière, les poissons toujours entiers ou en très gros morceaux pour résister à la cuisson et les légumes pelés et taillés en morceaux essentiellement pour qu'ils soient agréables à regarder dans l'assiette.

Pour la garniture aromatique, il faut tailler finement pour permettre aux ingrédients de bien libérer leurs parfums et aussi de se confondre avec la sauce finale.

Le matériel

La cocotte en fonte aurait tendance à régner sans partage. Mais elle est chère, quoique l'investissement soit fait pour une vie.

Vous pouvez la remplacer par une casserole inoxydable à fond épais munie d'un couvercle. Dans certains cas, en particulier pour les poissons, une poêle toute simple marche très bien. De même, le plat à gratin (en Pyrex, en terre, en fonte ou en tôle épaisse) pourra aider et compléter cette poêle.

La mise en cuisson

Ce qui importe dans les braisages, c'est certes la tendresse finale mais surtout le mariage des goûts et la qualité de la sauce. C'est un goût unique que nous devons développer et une sauce qui appelle à être essuyée, dégustée méticuleusement. Armé d'un bon pain, vous devez la saucer par gourmandise, voire la récupérer à la cuillère pour s'en délecter.

Pour cela, l'assaisonnement et la cuisson devront être précis. La cuisson sera vive au départ, voire très vive, pour retomber dans une douceur extrême par la suite et, enfin, elle cherchera parfois à réduire la sauce pour la rendre enveloppante, nappante.

Napper : se dit d'une sauce qui recouvre, enveloppe, les morceaux d'un plat.

DÉBUTANT ATTENTION

Le braisage a besoin de coloration pour qu'au moment où vous ajoutez le liquide, les goûts soient bien concentrés et produisent une sauce parfumée.

BRAISER QUOI?

Nous pourrions dire que presque tout se braise. Viandes, poissons ou légumes seront la base de ces braisages que l'on accompagnera de riz, de pâtes, de pommes de terre ou de couscous cuits tout simplement à l'eau ou à la vapeur. Vous le savez certainement tous, il n'est pas obligatoire de manger de la viande à chaque repas. Ainsi, un plat de légumes braisés accompagné de riz ou de pâtes fera un repas parfait pour le soir.

LES VIANDES À BRAISER

Pour vous conseiller dans les morceaux à choisir, n'oubliez jamais de questionner votre boucher qui connaît les bons morceaux à braiser. En grande surface, si les bouchers ont disparu, poursuivez le chef de rayon pour exiger des informations. C'est le moins qu'il puisse faire.

LE BŒUF

Comme pour le pot-au-feu, ce sont les morceaux les moins chers qui pourront être braisés.
En morceaux ou en gros cubes de 5 cm de côté, vous pouvez demander à votre boucher de parer et de tailler la viande, cela gagne toujours un peu de temps.
Mais vous pouvez aussi braiser des morceaux entiers ou en grosses portions, comme la macreuse, le jumeau à braiser, l'aiguillette baronne, le paleron ou les joues.

LE VEAU

Le jarret, comme pour la cuisson au pot, mais détaillé en tranches épaisses avec l'os au milieu. Les joues de veau, assez petites, sont aussi de très jolis morceaux à braiser.
Pour les ragoûts, qui sont aussi une sorte de braisé, vous pouvez utiliser, coupés en morceaux, le collier et la poitrine qui sont les parties les moins chères dans le veau.

L'AGNEAU

Malheureusement l'agneau est toujours un peu cher, quoique le haut de côtes et le collier font de formidables ragoûts. L'épaule et le trop onéreux gigot peuvent aussi se cuire braisés.

LE PORC

Une tranche épaisse taillée dans le jambon sera formidable à braiser, tout comme un filet mignon, mais ce sont des morceaux nobles sur le cochon.
N'oubliez pas, pour des cuissons plus longues, les jambonneaux frais à braiser laqués et les petites joues de porc formidables pour une daube.

LA VOLAILLE

En morceaux, le poulet, disponible toute l'année, ou une pintade, d'avril à juillet, seront cuits, après avoir été colorés à feu vif, doucement dans une sauce aux champignons ou au curry avec un peu de crème.

LES POISSONS À BRAISER

LA SARDINE

De juin à septembre, si sa pêche est abondante, la sardine, poisson gras bénéfique à la santé, peut être un poisson vraiment pas cher. Et n'écoutez pas les rabat-joie : bien cuite, elle ne sent pas plus fort que les autres poissons.
C'est un poisson de providence et d'abondance qui s'appelait le "pain de la mer" sur les bords de la Méditerranée.
Braisée, souvent avec une sauce épicée ou acide et légèrement sucrée, elle peut être conservée au réfrigérateur et consommée sur une semaine.

LE MAQUEREAU

Petit ou gros mastard, le maquereau est parfait pour le braisage. Qu'il soit froid avec du vin blanc ou chaud cuit au four, il permet de reconnaître le poisson dans son assiette de manière plus appétissante que les tristes poissons panés.

LES POISSONS ENTIERS OU EN GROS MORCEAUX

Le poisson pour bien se braiser doit avoir la chair ferme. Malheureusement, ce sont les poissons chers qui ont souvent cette qualité.
Sur des poissons assez gros comme le cabillaud et le thon, la queue est un morceau un peu délaissé et délicieux à braiser.
Les gros maquereaux ou les jolis grondins sont de très bons poissons pas très chers à braiser entiers.

LES LÉGUMES À BRAISER

LE CHAMPIGNON

Les champignons de Paris frais sont théoriquement plus abondants, donc moins chers, d'octobre à mai.
Vous les avez certainement déjà vus préparés « à la grecque », malheureusement ce vieil apprêt (c'est-à-dire la manière de les préparer) se limite trop souvent à une vague sauce tomate. Pourtant une sauce grecque est un braisé délicieux, associant vin blanc, carottes, oignon, ail et pourquoi pas tomates en été (voir page 93).
Vous pouvez aussi préparer à la grecque les légumes nouveaux comme les oignons, les carottes, les navets, les artichauts et, en hiver, les endives.

LA CAROTTE

La carotte se braise divinement, tout comme une autre racine de sa famille, le panais.
Les carottes en braisé aiment bien être accompagnées de jus d'orange et de cumin.

L'ENDIVE

L'endive est une chicorée, vaillant membre de la famille des salades d'hiver, qui pousse à l'abri de la lumière de décembre à février pour la pleine saison. Braisées simplement avec un jus de citron ou cuites à la grecque, les endives font un beau plat d'hiver.

LE CHOU

Le plus commun et populaire de nos légumes peut aussi se braiser.
Prenez la peine de le cuire à l'eau bouillante pendant 5 minutes (on dit blanchir) avant de le cuisiner.
Dans une cocotte au beurre ou à l'huile d'olive, il se marie avec les épices classiques du nord, comme le carvi et le genièvre, mais aussi avec le cumin et les citrons confits au sel (citrons beldi).

L'ARTICHAUT

Les petits artichauts violets, présents sur les marchés au printemps et en automne, sont toujours un peu chers. Ils peuvent faire une entrée de fête, braisés à la grecque ou à la barigoule (voir page 93).
Les gros artichauts en pleine production, moins chers en début d'été, s'ils sont bien nettoyés, débarrassés de leurs feuilles, de leur foin et pelés pour ne garder que le cœur peuvent se préparer de la même manière.

LA GARNITURE AROMATIQUE

Le nom est précis. Sans être un accompagnement ou un légume à part entière, ces éléments sont là pour apporter leurs arômes. Ce sont la plupart du temps des légumes pelés et coupés finement (les techniciens de la cuisine disent mirepoix pour des cubes de 1 cm de côté ou brunoise pour des cubes de 2 à 3 mm de côté).
Évidemment, il y a matière à improviser mais en suivant quelques règles.

LA BASE

Ce sont les classiques habituels sans être totalement indispensables : carotte, ail, oignon ou échalote vous donneront une bonne base de sauce. Vous les avez, c'est parfait ; il vous en manque un, ce n'est pas grave.
Un demi-poireau et une branche de céleri peuvent aussi être ajoutés, tout comme du lard sec ou du gras de jambon sec si vous avez le droit d'en manger.
Cette garniture s'ajoute en début de cuisson pour la faire cuire légèrement dans la matière grasse avant le mouillement (ajout de liquide).

LES SPÉCIFIQUES

Pour un poisson braisé au four, les tomates sont souvent nécessaires : aqueuses, elles évitent le dessèchement.
Les tomates peuvent aussi entrer dans la garniture de base mais elles doivent être ajoutées après les autres légumes comme élément de mouillement. Vous aurez une sauce de braisage tomatée.
Toujours pour les poissons, du fenouil finement coupé apportera une note anisée.

La fin de cuisson

Il est aussi possible de parfumer la sauce du braisé en fin de cuisson, juste avant de servir, avec des produits ne supportant ou ne nécessitant pas ou peu de cuisson.
C'est le cas des olives, noires à la grecque, petites italiennes confites à l'huile ou violettes cassées, pour une daube ou encore un tajine.
Le citron confit au sel peut aussi relever un braisé de légumes.
De gros raisins blancs frais, pelés ou pas, ou encore des raisins secs que l'on aura fait gonfler 1 heure dans l'eau tiède peuvent être ajoutés aussi aux braisés de poissons.

Les épices et les aromates

La base est habituelle, avec le fameux bouquet garni composé de queues de persil, de laurier, de thym et pourquoi pas de céleri. Vous pouvez aussi utiliser simplement une branche de thym et une feuille de laurier pour accompagner la cuisson. N'oubliez pas de retirer ces éléments en fin de cuisson, ce n'est pas très élégant de se retrouver avec une branche effeuillée de thym dans son assiette, surtout que l'on a souvent envie de la sussouiller et ça, ce n'est pas poli.
Vous pouvez aussi mettre vos herbes, thym, persil, basilic, en fin de cuisson pour les faner à peine à la chaleur de la sauce. Cela apportera de la fraîcheur dans le parfum de votre braisé.
Pour les épices, le poivre est indispensable, mais peut aussi être remplacé par du piment, plus pimpant et piquant en bouche.
Et puis, votre liberté est totale : cumin, gingembre, cardamome, paprika, et même 10 cm de zeste d'orange enrichiront en goût vos braisés.
Cependant, choisir une ou deux épices est souvent préférable à une ribambelle fourre-tout. Le goût sera plus précis, plus identifiable.

LE LIQUIDE

C'est le fameux petit mouillement, propre au braisé, des livres de techniques culinaires. De quoi se compose-t-il ?
Le principe du braisé est de jouer sur deux cuissons dans la plupart des cas : d'abord une concentration, donnée par l'attaque à feu vif pour colorer le produit à braiser, puis une dilution pour donner une sauce grâce à une cuisson longue ou relativement longue en apportant du liquide.
Mais ce liquide n'est pas là que pour diluer. Lui aussi peut plus ou moins apporter du goût. Le plus simple des liquides est bien évidemment l'eau. Juste une dilution. Quoique, dans le cas des carottes Vichy, c'est aussi le goût de l'eau minérale (riche en sels) qui est donné aux carottes.
Pour apporter des parfums, mais aussi de l'acidité et un peu de sucre, le vin fait un très bon mouillement. Nous devrions d'ailleurs dire les vins. Vin blanc sec, peu de couleur et un peu plus d'acidité. Vin rouge un peu épais donnant une robe profonde et surtout des parfums caractéristiques. Mais pourquoi pas un peu de vin plus riche comme un Porto, un Rivesaltes ou un Banyuls, dont on réduira la quantité pour ne pas trop sucrer la sauce. Enfin, un Vermouth bien sec, comme un Noilly-Prat ou un Vermouth de Chambéry, riches en arômes de plantes.
Pour ces boissons alcoolisées, laissez toujours bouillir un peu la sauce avant de couvrir, pour permettre à l'alcool de s'évaporer. Vous pouvez aussi faire bouillir ces liquides alcoolisés dans une casserole à part avant de les ajouter au braisé.
Le vinaigre peut aussi être utilisé pour mouiller un braisé mais soyez parcimonieux pour ne pas trop acidifier votre sauce. Ou alors contrebalancez l'acide avec du sucre comme dans le cas des sardines en saor ou s'associent vinaigre de vin et raisins blancs.
Toujours dans les acides, le jus de citron peut accompagner de l'eau pour donner une note fruitée et vive mais, attention, il faut avoir la main légère et déterminer l'assaisonnement adéquat.
Enfin, le mouillement le plus universel est sans doute le bouillon de bœuf, de veau, de poule ou simplement de légumes récupéré suite à nos cuissons au pot ou dans une soupe toute simple.
Un dernier petit élément que je classe dans les liquides concerne les sauces très parfumées que l'on peut ajouter au tout dernier moment pour ne pas les cuire mais lier un peu et surtout parfumer la sauce. C'est le cas de la gremolata (voir page 55), que l'on peut ajouter à l'osso bucco, d'un pistou (voir page 35) ou d'achards (voir page 54) dont on peut agrémenter un poisson braisé simplement au moment de servir.

LES MODÈLES

Dans le cadre de nos braisés, nous sommes obligés d'être plus précis dans les recettes et moins dans la technique générale que précédemment. Pour autant, ne vous sentez pas coincés par des mises en route trop directives. Improvisez, ajustez, laissez-vous aller à l'instant, à vos envies. Nous pourrions même dire, laissez parler la bête cuisinière qui est en vous. Mais une bête qui ne hurle pas trop. C'est plus discret.

En fin de cuisson, si vous trouvez vos sauces de braisage trop liquides, vous pouvez les faire bouillir pour laisser évaporer un peu plus d'eau.

LES MODÈLES
L'OSSO BUCCO

Grand classique de la cuisine du nord de l'Italie, l'osso bucco est certainement l'un des braisés de viande les plus simples.

Dans votre plat de cuisson, faites chauffer de la matière grasse (au mieux de l'huile d'olive). Faites saisir et colorer des tranches de jarret de veau (une tranche par personne).

Retirez votre veau et roulez dans la matière grasse, en vous aidant d'une cuillère, des échalotes (une par personne) et des gousses d'ail (une par personne) pelées et coupées en deux ou en quarts dans la longueur. Salez.

Remettez votre viande. Mouillez avec du vin blanc ou du bouillon, ou un mélange des deux, ou encore avec de l'eau (la valeur d'un verre afin que le liquide arrive à mi-hauteur de la viande). Portez à ébullition. Baissez le feu. Couvrez.

Glissez au four à 160 °C (thermostat 5) ou laissez sur le plus petit de vos feux. Laissez cuire 1 h à 1 h 30 le temps que la viande soit parfaitement tendre. Vérifiez de temps en temps et, si le liquide a disparu, ajoutez un peu d'eau.

Juste avant la fin de la cuisson, préparez une gremolata (voir page 55). Au moment de servir, retirez la viande et mélangez la gremolata à la sauce de cuisson. Couvrez votre viande avec cette sauce parfumée.

Vous pouvez aussi, au moment d'ajouter le liquide, mélanger à votre cuisson 4 ou 5 tomates coupées en gros morceaux ou une boîte de conserve de tomates concassées. À la fin de la cuisson, la sauce doit être bien réduite pour napper onctueusement les morceaux de viande. C'est tout aussi bon.

Un osso bucco peut s'accompagner d'un risotto mais des pâtes imbibées de la sauce conviennent aussi très bien. Même des pommes de terre font l'affaire.

Sur le même principe de cuisson, vous pouvez remplacer le veau par des morceaux de volaille, plutôt des cuisses et des hauts de cuisses, du collier d'agneau et même un bon morceau de bœuf comme du paleron.

LES MODÈLES

LES ÉPAULES D'AGNEAU CONFITES

Étalez, massez sur toute la surface de votre épaule d'agneau non désossée un mélange d'épices dilué dans un jus de citron. Choisissez deux ou trois épices maximum, comme du cumin en poudre et du poivre, ou du paprika, du gingembre et du poivre selon votre envie. Vous pouvez, si vous en avez les moyens, utiliser un gigot.

Laissez reposer dans un plat au réfrigérateur pendant 1 heure bien couvert du jus de citron aux épices.

Dans un grand plat de cuisson, faites dorer l'épaule parfumée sur toutes les faces dans de l'huile d'olive, de préférence.

Ajoutez tout autour votre garniture aromatique et votre bouquet garni. Salez. Mouillez avec le liquide que vous voulez mais de préférence pas trop acide car le citron est déjà là (en gros, une demi-bouteille de vin).

Portez à ébullition. Couvrez et laissez cuire au four ou sur un feu très doux pendant 2 à 3 heures. Vérifiez qu'il reste assez de liquide pendant la cuisson, si non ajoutez un peu d'eau. Vous pouvez ajouter des herbes aromatiques fraîches au moment de servir.

Vous pouvez essayer avec un gros morceau de bœuf (paleron, aiguillette, macreuse) ou encore avec un jarret de porc entier.

Improvisez, ajustez, laissez-vous aller à l'instant, à vos envies. Nous pourrions même dire, laissez parler la bête cuisinière qui est en vous. Mais une bête qui ne hurle pas trop. C'est plus discret.

LES MODÈLES
LA DAUBE

Encore un grand classique, traditionnellement fait avec du bœuf mais que vous pouvez remplacer par des joues de porc, de l'agneau ou du veau en jouant aussi sur les assaisonnements et en changeant les liquides de cuisson.

Dans de l'huile très chaude, faites colorer vos morceaux de viande de bœuf coupés en gros morceaux (comptez 150 à 200 g par personne). Salez. Ajoutez la garniture aromatique. Mouillez avec une bouteille de vin rouge. Portez à ébullition pendant 5 minutes.

Ajoutez épices et aromates. Couvrez et laissez mijoter à feu très doux ou au four pendant 2 à 3 heures. Juste avant de servir, vous pouvez ajouter 100 à 200 g d'olives noires.

Si vous le désirez, vous pouvez mettre 1 cuillère à soupe bombée de farine avant d'ajouter les légumes pour bien enrober la viande (on dit de cet ajout que l'on singe). Cette farine permettra à la sauce d'être un peu plus liée, plus nappante.

Singer : on singe quand on ajoute une cuillère de farine à de la viande saisie pour que la sauce soit liée après l'ajout de liquide.

Encore un grand classique,
traditionnellement fait avec du bœuf
mais que vous pouvez remplacer par des joues de porc,
de l'agneau ou du veau en jouant aussi
sur les assaisonnements
et en changeant les liquides de cuisson.

LES MODÈLES
LES VOLAILLES À LA CRÈME

Faites saisir et colorer, dans une grosse noix de beurre, des hauts de cuisses de poulet, ou un poulet entier, coupés en morceaux (des morceaux de dinde peuvent aussi être utilisés).

Une fois la viande bien colorée, baissez le feu au minimum, salez, poivrez, couvrez et laissez cuire pendant 45 minutes à 1 heure en retournant les morceaux de temps en temps.

À mi-cuisson, ajoutez des champignons de Paris coupés en 4 auxquels vous aurez coupé les pieds terreux (au pire, ajoutez des champignons en boîte en fin de cuisson).

5 minutes avant la fin de la cuisson, ajoutez 20 cl de crème fraîche. Donnez un petit bouillon. C'est prêt. Formidable avec un riz blanc.

LES MODÈLES

LE CURRY DE VOLAILLE

Faites colorer dans l'huile des morceaux de volailles (poulet, c'est le mieux, pintade ou dinde). Comptez un morceau par personne. Ajoutez 1 grosse cuillère à café de poudre de curry. Enrobez bien les morceaux de viande avec les épices. Salez.

Ajoutez la garniture aromatique à laquelle vous pouvez ajouter une courgette coupée en rondelles. Mouillez avec un verre d'eau. Laissez cuire à petits bouillons pendant 1 heure. Vérifiez que les morceaux de viande sont tendres, sinon prolongez la cuisson pendant 30 minutes. Le liquide de cuisson doit être le plus réduit possible.

Ajoutez 20 cl de crème fraîche liquide ou, mieux, 20 cl de lait de coco. Laissez mijoter 20 minutes. Vérifiez l'assaisonnement : vous pouvez ajouter un peu plus de poudre de curry. Servez avec un riz cuit à l'eau.

Vous pouvez remplacer la volaille par des morceaux de porc ou d'agneau mais vous devrez sans doute prolongez la cuisson de 30 minutes à 1 heure pour que les morceaux soient bien tendres.

Le curry désigne normalement un plat, mais par extension, et certainement grâce aux Britanniques qui ont été longtemps présents en Inde, ce mot désigne aussi aujourd'hui le mélange d'épices sèches utilisé dans ce plat. En Inde, ce mélange d'épices est toujours réalisé au dernier moment au mortier et souvent avec des épices et des aromates frais.

LES MODÈLES

LE POISSON AU FOUR

Enduisez d'un peu de beurre ou d'huile d'olive le fond d'un plat à gratin. Déposez-y votre poisson préparé par votre poissonnier, rincé à l'eau fraîche et bien essuyé (maquereaux, queue de thon, grondin, darnes de saumon).

Disposez votre garniture aromatique autour et un peu sur le poisson, sans oublier quelques tranches de tomate. Assaisonnez de sel, de poivre, voire de quelques épices.

Ajoutez un demi-verre de vin blanc dans le plat. Glissez au four bien chaud (200 °C, thermostat 7 à 8) pour 20 à 30 minutes. Vous n'avez plus qu'à servir.

LES MODÈLES

LES SARDINES EN ESCABÈCHE

Ce plat peut se garder trois à quatre jours au réfrigérateur, il n'en sera que meilleur.

Videz, écaillez, lavez et séchez vos sardines (comptez 3 à 4 sardines par personne). Dans une grande poêle, faites chauffer 3 cuillères à soupe d'huile d'olive. Faites saisir 1 minute par côté toutes vos sardines avant de bien les ranger dans un plat à gratin ou une assiette creuse sur deux couches au maximum.

Déposez entre vos sardines des feuilles de laurier et des brins de thym. Dans la même poêle, mettez à cuire sans coloration 4 échalotes et 3 gousses d'ail pelées et découpées en tout petits morceaux. Une fois qu'échalotes et ail sont bien tendres, ajoutez 2 tomates, si possible pelées, coupées en tout petits morceaux. Faites cuire à feu doux.

Ajoutez un demi-verre de vinaigre, du sel, du poivre ou du piment. Vous pouvez ajouter aussi du paprika doux. Portez à ébullition et versez cette préparation bouillante sur vos sardines en la répartissant bien.

Laissez refroidir sans couvrir. Une fois refroidi, couvrez avec un papier film ou du papier aluminium et mettez au réfrigérateur pour au moins 12 heures ou une nuit. Dégustez avec des tartines de pain beurré.

LES MODÈLES

LES MAQUEREAUX AU VIN BLANC

C'est presque la même préparation que les sardines en escabèche. Choisissez de petits maquereaux, vidés, lavés et bien essuyés. Dans une poêle, faites chauffer de l'huile pour saisir les maquereaux 2 à 3 minutes sur chaque face.

Rangez-les dans un plat à gratin. Jetez la matière grasse qui reste dans la poêle et versez 2 verres de vin blanc et portez à ébullition.

Ajoutez à votre vin blanc 1 petite carotte pelée et coupée en très fines tranches, 2 échalotes pelées et coupées en très fines lamelles, 2 feuilles de laurier, 3 clous de girofle, une dizaine de grains de poivre et 1 grosse pincée de sel. Maintenez l'ébullition 1 ou 2 minutes et versez bouillant sur les maquereaux.

Laissez refroidir avant de couvrir avec un film plastique ou un papier aluminium et glissez au réfrigérateur pour une journée. Ce plat se garde trois à quatre jours au réfrigérateur. Dégustez avec du pain grillé et beurré.

LES MODÈLES

LES ARTICHAUTS À LA BARIGOULE

Prenez 1 bouquet de petits artichauts (ou les fonds de gros artichauts), 1 bouquet d'oignons nouveaux, 2 gousses d'ail, 2 poignées de champignons de Paris frais.

Pelez et nettoyez tous ces légumes. Pour les artichauts, vous enlevez les feuilles dures pour ne garder que le cœur tendre et, pour les champignons, vous enlevez les pieds terreux en les coupant au ras du chapeau. Découpez champignons, oignons et artichauts en quatre et l'ail en lamelles.

Dans une cocotte ou une casserole, faites chauffer 2 cuillères à soupe d'huile (d'olive, c'est mieux). Mettez oignons, artichauts, champignons et ail à cuire et colorez-les à peine. Ajoutez 1 tranche de jambon cru coupée en lardons ou une petite poignée de lardons. Faites cuire 2 à 3 minutes.

Versez un grand verre de vin blanc et portez à ébullition. Ajoutez sel, poivre et thym. Laissez cuire doucement à couvert pendant 30-45 minutes. Vérifiez que les artichauts sont bien tendres.

Dégustez froid en entrée. Beaucoup de légumes peuvent se préparer ainsi : carotte en fines rondelles, chou-fleur, petits navets nouveaux…

Très proche de cette préparation, le fameux braisage « à la grecque ». Des champignons, bien évidemment, mais aussi des carottes, des oignons nouveaux, des haricots verts, des petits navets, saisis à l'huile d'olive, mouillés de vin blanc et parfumés de grains de coriandre et de thym. Rien de plus, si ce n'est une sauce un peu réduite.

Mais qui est Barigoule ? À l'origine,
les artichauts étaient cuisinés avec du vin blanc
et des lardons, et farcis d'un champignon qui, en occitan
(la langue du sud de la France), s'appelle la « barigoule ».
Son nom français est la « pleurote du panicaut ».
Par extension, cette cuisson braisée, réunissant légumes,
vin blanc, lardons et champignons,
a pris le nom assez joli de notre pleurote du midi.

LES MODÈLES
LES CAROTTES À L'ORANGE

Pelez et coupez en rondelles 2 carottes par personne. Faites revenir vos rondelles de carottes dans 2 cuillères à soupe d'huile d'olive. Salez. Poivrez.

Une fois vos carottes très légèrement colorées, mouillez avec le jus de 1 ou 2 oranges. Ajoutez 3 pincées de cumin en poudre et laissez cuire à couvert 45 minutes. Vérifiez qu'il reste toujours un peu de liquide, sinon ajoutez un soupçon d'eau.

Ces carottes braisées peuvent très bien se manger seules ou pour accompagner un plat de riz ou de pâtes.

LES MODÈLES

LES ENDIVES BRAISÉES

Fendez en deux vos endives sur la hauteur. Dans une poêle, faites chauffer 2 cuillères à soupe d'huile d'olive pour faire saisir et très légèrement colorer vos endives.

Une fois colorées, assaisonnez de sel, de 1 cuillère à café de sucre et de poivre. Mouillez avec le jus d'un demi-citron et un demi-verre d'eau. Couvrez et laissez cuire à feu doux pendant 30 minutes.

Faites attention qu'il reste toujours un peu de liquide pendant la cuisson. Vérifiez la tendresse de vos endives à la pointe d'un couteau. Mangez chaud en accompagnement d'une viande.

L'endive, aussi nommée chicon ou witloof (« feuille blanche » en flamand) aurait été développée par le jardinier en chef du jardin botanique de Bruxelles. La technique est assez simple : faire pousser une salade chicorée à l'abri de la lumière et enfouie dans une terre meuble pour former ainsi une pomme serrée de feuilles blanches.

LES RESTES

LES CANNELLONIS

Hachez un reste de viande cuite braisée. Remplissez des cannellonis crus du commerce avec ce hachis.

Rangez vos cannellonis dans un plat à gratin. Couvrez avec le reste d'une sauce de daube que vous pouvez allonger de quelques tomates coupées en tout petits morceaux, de sauce tomate ou encore d'une demi-boîte de tomates concassées en conserve.

Couvrez de fromage râpé et glissez à four chaud (180 °C, thermostat 6) pour 30 minutes pour bien faire gratiner. Mangez bien chaud.

Cannelloni serait le pluriel de cannellone, terme italien signifiant « gros tuyau ». Car bien souvent, le nom des pâtes désigne simplement ce qu'elles représentent.
Spaghetti est une petite ficelle, orecchiette une petite oreille, linguine une petite langue, et farfalle un papillon. Hop là !

SCÉNARIO AUTOUR D'UN FRIGO ET D'UN PLACARD

SCÉNARIO 4 EN DÉBUT DE SEMAINE

Le week-end dernier, j'ai fait du pot-au-feu (mais j'aurais très bien pu faire une autre viande au pot). Avec les restes, j'ai déjà fait un hachis Parmentier et avec les restes du hachis, j'ai fait des croquettes. Mais il me reste toujours un petit morceau de paleron cuit en pot-au-feu.

Et si je le braisais pour faire une sauce riche pour accompagner des pâtes, du riz ou des pommes de terre à l'eau ? Un braisage léger.

Bon, au frigo, qu'est que j'ai ?

Une carotte, un oignon. Parfait pour une petite garniture aromatique.

Deux solutions : soit, en saison, j'ai trois ou quatre tomates bien mûres, soit j'ai une boîte de tomates concassées. Parfait, ça allongera la préparation, l'enrobera et fera une belle sauce.

Bon, entre placard et épices, je pourrais aussi avoir thym, laurier, basilic, persil, gingembre, ail, olives vertes, cumin… Je fais comme bon me semble en suivant mes envies et mon inspiration.

Premier temps, je découpe ma viande en tranches ou en morceaux de 1 à 2 cm de côté. Je pèle la carotte et l'oignon. Je coupe en petits morceaux ou en petits cubes – les cuisiniers et les livres sérieux appellent ça mirepoix ou brunoise, ça dépend de la taille.

Dans une casserole ou une poêle à bord hauts, je mets de l'huile d'olive, ou autre, enfin une matière grasse tout simplement.

Une fois la poêle chaude, je mets les légumes, sauf les tomates, pour les faire sauter rapidement sans cesser de remuer pendant en gros 5 minutes, sans les laisser colorer. J'ajoute la viande et re-hop 5 minutes à feu vif.

Là j'ajoute les tomates coupées en gros morceaux ou la boîte de tomates. Un coup de bouillon. Je baisse le feu. Et là, vas-y pour le parfum ! Herbes, épices, olives peut-être, ce que je veux. Ne pas oublier le sel. Feu doux, histoire de réduire le tout, pendant 15 à 20 minutes.

Promis, avec des pâtes ou du riz, ou quelques pommes de terre à l'eau, c'est parfait pour un repas de semaine. Vive les restes.

Deux solutions : soit, en saison,
j'ai trois ou quatre tomates bien mûres,
soit j'ai une boîte de tomates concassées.
Parfait, ça allongera la préparation,
l'enrobera et fera une belle sauce.

Tartes à la pelle !

Les tartes enjambent le repas en pouvant être tout à la fois entrée, plat principal et dessert. Pour cela, il faut les voir, les imaginer accueillantes, réceptacles de l'imagination, nichant au creux de leur pâte la diversité incarnée.

Dans la grande famille des tartes, de nombreuses gourmandises viennent immédiatement à l'esprit : quiche, pizza, à la tomate, aux fruits de mer, aux poissons, aux fruits, au flan, meringuée, flambée, au sucre…

Les tartes sont pratiques, mangeables à la main, chics, surprises et peuvent parfois se couvrir d'un joli chapeau de pâte pour devenir chausson, comme un plat pantouflard, ou tourte propre à satisfaire les gros appétits.

Le verbe métronome est « garnir » car il faut remplir la pâte pour la faire tarte. C'est certainement ainsi que tout a dû commencer. Quand la fabrication du pain laissait une boule inutilisée, l'économie et le plaisir étaient prompts à transformer ce reste en tarte, ce qui correspond tout à fait à notre propos dans ce manuel. Étalée, étirée, abaissée, la boule devenait l'accueillante galette de ce que le gourmand avait sous la main. Cette abaisse, c'est le nom que l'on donne à la pâte étalée, garnie des produits du moment, glissait au four à côté des gros pains pour être saisie par la chaleur et devenir LA tarte.

TARTES À LA PELLE

LA TECHNIQUE DE LA TARTE
GARNIR UN FOND

Une tarte c'est simple, trop simple même, et propre à accueillir une multitude de variantes. Pourtant c'est quoi une tarte ? Un moule à tarte garni, on dit « chemisé », d'une pâte assez fine qui a l'air de vouloir se laisser aller nonchalamment à épouser la forme du moule. Cette pâte avec ses jolis rebords est propre à se garnir de fruits mûrs et détaillés en fines tranches ou d'une omelette allongée d'un peu de lait et parfumée d'herbes fraîches ou de petits morceaux de viande déjà cuits. Hop, le tout est glissé au four à 180 °C (thermostat 6) jusqu'à voir apparaître une légère dorure sur le dessus de la tarte, preuve d'une bonne cuisson. Il ne reste plus qu'à détailler en parts et à déguster. C'est simple, c'est bon, c'est de la cuisine populaire faite pour varier, pour imaginer.

LES ÉTAPES

1
Faire la pâte.

2
La garnir.

3
La faire cuire.

La précuisson ?

Pâte et garniture, voilà ce qu'il nous faut. La pâte a pour fonction de retenir et de contenir la garniture. Mais pour s'associer, ces deux-là doivent éviter trop d'humidité ; là, réside toute la difficulté des tartes. Expliquons-nous.

Une pâte à tarte, qu'elle soit brisée, feuilletée, sablée ou à pain doit être relativement solide, pour éviter trop de ramollissement qui favoriserait l'instabilité de la part de tarte, voire la chute de ce qu'elle contient. Cette solidité est due à la cuisson qui donnera de la tenue. Mais si votre garniture est trop liquide, l'humidité transformera la pâte en un truc tout mou, pas très pratique à déguster. Pour éviter cet inconvénient, il y a deux solutions :

– précuire la pâte pour la solidifier avant de mettre la garniture, c'est ce qu'on appelle une cuisson à blanc ;

– garnir la pâte crue avec des produits le moins humides possibles, soit en les cuisant avant de les mettre sur la tarte, afin de faire évaporer leur jus, soit en choisissant des produits assez secs.

Procédons dans l'ordre.

Cuire à blanc : une pâte à tarte cuite sans garniture.

D'abord la pâte

Il existe plusieurs types de pâtes, souvent très pratiques achetées toutes prêtes dans le commerce, nous vous donnons cependant quelques recettes (voir pages 106-107).

Vous pouvez précuire votre pâte avant d'ajouter votre garniture. C'est la cuisson à blanc qui solidifie la pâte. Le moule ou la plaque sont garnis de pâte et glissés au four à 180 °C pendant 10 à 15 minutes. Tout en restant blanche, pas trop cuite, d'où le nom de cuisson à blanc, elle se solidifie et se compacte. Bien souvent pour réaliser cette cuisson, et éviter que la pâte ne gonfle et se gondole, celle-ci est garnie de haricots secs faisant poids sur le fond.

La pâte à tarte.

Ensuite la garniture

À peu près tout peut servir de garniture! La seule limite, c'est cette fameuse humidité citée plus haut. En effet, comme nous l'avons déjà souligné, trop d'humidité ramollira la pâte et ne la rendra pas très agréable à déguster. Mais, inversement, une garniture trop sèche, sans onctuosité ni tendresse, deviendra un étouffe-chrétien, c'est une expression consacrée, mais une tarte trop sèche étouffera tout le monde, laïque ou religieux. Il s'agit donc de choisir une garniture qui sous l'action de la cuisson ne rendra, ni ne perdra trop d'humidité. Dans le cadre de notre manuel, fait pour donner la liberté de cuisiner selon son désir, voilà un point important où l'expérience et surtout la réflexion qui précèdent la réalisation d'une recette sont indispensables. Toutes les recettes nécessitent d'imaginer, d'anticiper le résultat et, pour cela, demandent à la cuisinière ou au cuisinier de se poser des questions. En la circonstance, une question essentielle : ma garniture sera-t-elle trop liquide ou trop sèche ? Pour éviter trop d'humidité, il est nécessaire de bien penser au liquide que peuvent libérer les garnitures pendant la cuisson. Par exemple, une pâte non cuite garnie de demi-prunes bien mûres se remplira de jus et deviendra toute ramollo. Il est, dans ce cas, nécessaire de précuire les fruits pour en évacuer le maximum de jus. Ce jus de cuisson sera bien sûr mis de côté pour préparer une sauce ajoutée en fin de cuisson. Rien ne doit se jeter.

DÉBUTANT ATTENTION

La vraie difficulté est d'éviter à la pâte de ne pas cuire sous la garniture, ou encore d'être toute mollassonne, mouillée par la garniture. Les conseils sont, certes, utiles, mais l'expérience est indispensable.

Avec pâte et garniture

Les tartes nous facilitent les choses en nous donnant la possibilité de les classer en trois styles, suivant l'entartage choisi.

Les tartes libres : Ce sont les plus classiques, leur garniture à l'air libre restant moelleuse sous l'influence de la chaleur du four. Cette garniture est assez humide, séchant ou se solidifiant à la cuisson et pouvant même être un peu gratinée.

Les tartes pliées ou chaussons : Elles ont un côté confortable avec leur nom de chausson. On y glisse une garniture qui demande à être protégée pour garder sa souplesse sans gratiner.

Les tartes à chapeau ou tourtes : Certains les traitent de tourte avec leur forme de dondon! Elles accueillent du riche, du nourrissant, un peu à l'image d'un monsieur d'âge mûr à pardessus et à couvre-chef. Elles demandent souvent une cuisson plus longue ou une garniture précuite.

Tartes pliées et tartes à chapeau peuvent accueillir les mêmes garnitures, elles sont très proches techniquement.

Les quantités

La pâte : Tout d'abord, il faut bien viser afin que la pâte étalée (l'abaisse) épouse parfaitement le moule en débordant légèrement. Pensez à doubler les proportions si un chapeau est nécessaire.

Appareil : c'est le mélange d'éléments liquides destinés à garnir une tarte ou faire un gâteau.

La garniture : Pour l'intérieur, le volume de garniture, d'appareil ou de farce doit être estimé pour bien garnir la tarte. Nous sommes là dans l'intention parfaite de la cuisine populaire qui soupèse et estime plus qu'elle ne mesure.

Pour un moule de 30 cm de diamètre, deux œufs et un demi-verre de lait seront trop maigres pour une quiche alors qu'ils seront parfaits pour une tarte riquiqui d'à peine 20 cm. Il est certainement plus efficace d'apprendre à juger le volume, l'abondance de sa garniture que de passer trop de temps à peser. Dans notre manuel, nous donnerons les indications pour des tartes pour environ quatre personnes. Nous disons « environ » car tout dépend de l'appétit des quatre convives et de l'utilisation de la tarte : entrée, plat principal ou dessert ?

Le matériel

Un bon saladier en verre ou en inox de bonnes dimensions permet de mélanger à l'aise toutes les garnitures. Les cuisiniers professionnels nomment ces ustensiles indispensables « cul-de-poule » (récipient hémisphérique en métal). Et pour accueillir les tartes, les moules en tôle toute simple font merveille surtout si vous les garnissez de papier cuisson pour éviter à la pâte d'attacher. Pour certaines tartes sans trop de rebords, pour les chaussons et pour les tourtes, une simple plaque en métal est suffisante. Comme pour la tarte toute simple, le papier cuisson est indispensable.

Cul-de-poule : ce n'est pas sale, c'est un saladier ou un récipient en inox au fond tout rond.

Maryse : spatule en silicone.

Dernier ustensile pour les tartes, pas indispensable mais très pratique : la maryse. C'est une spatule en silicone permettant de bien récupérer les garnitures dans le saladier.

La mise en cuisson

Four préchauffé, toujours ! De manière simple, mettez en chauffe votre four dès le début de la préparation de votre tarte.

Quant à la température, ne brusquez rien car il faut permettre à la pâte de cuire sans brusquer la garniture : un petit 180 °C, thermostat 6, marche bien. Le moule à tarte ou la plaque de four dans leur finesse et leur simplicité ne font pas obstacle à la chaleur et favorisent la cuisson du dessous du fond de tarte.

VOCABULAIRE !

Question technique, la tarte demande un petit précis de vocabulaire, toujours utile à replacer dans une discussion impromptue ou plus simplement indispensable pour « penser tarte ».

Une pâte, peu importe laquelle, une fois étalée devient une abaisse, celle-ci déposée dans un moule ou sur une plaque de cuisson devient un fond de tarte.

Ce qui est déposé sur le fond, peu importe son aspect, s'appelle une garniture, mais si celle-ci a une consistance liquide et liée, comme pour une quiche, elle devient un appareil.

Ainsi, la bonne phrase est : « mon abaisse de pâte brisée me sert à faire un fond que je garnis de fruits recouverts d'un appareil aux amandes et aux œufs. » Si au début cette phrase a tendance à prendre l'aspect d'une formule magique, très vite, en la répétant plusieurs fois pour bien la maîtriser, vous pourrez affronter tout livre de cuisine qui se la joue (nous sommes entre nous).

LES MODÈLES DE PÂTES

LES PÂTES À TARTE

Elles sont cinq : brisée, feuilletée, sablée, à foncer et à pain. Mais là, se pose un cas de conscience rare : faut-il les faire ou les acheter toutes faites ? Un penchant naturel, autorisant au moindre effort, nous engagerait à nous dire, ne nous embêtons pas et prenons-les au magasin. Les puristes du « je fais tout moi-même » crieront au scandale mais, sincèrement, comme le disait un vieil oncle : « c'est quand même bien pratique. » Surtout qu'il est possible d'avoir de très bonnes pâtes en ne passant pas par la case supermarché. Pensez à votre boulanger. Vous pouvez très bien lui commander de la pâte feuilletée, de la pâte à pain et même de la pâte sablée, toutes réalisées par un professionnel. À la rigueur, rabattez-vous sur la grande surface mais prenez la peine de bien lire l'étiquette avec les ingrédients de votre pâte. Évitez les graisses végétales pour préférer le beurre et essayez de prendre celle à la composition la plus simple.

Toutes les pâtes sont à base de farine, celle-ci est unie par du ou des liquides et par une matière grasse.

Chaque membre de notre quintette à une fonction propre. La pâte brisée est la plus basique et peut être utilisée dans presque toutes les circonstances. La feuilletée doit pouvoir être libre de développer son effet. Réservez-la pour des garnitures légères ou pour en faire un chapeau. La sablée sert aux desserts, apportant sa consistance de biscuit et du sucre. La pâte à foncer, enrichie d'un jaune d'œuf, est très proche de la brisée mais est en général utilisée pour les pâtés en croûte ou les tourtes. Enfin, la pâte à pain est célèbre pour la famille des pizzas mais rien ne nous empêche d'en faire des chaussons.

Garniture : ce qui remplit la tarte.

Sincèrement, les pâtes feuilletée, à pain ou sablée sont très pratiques toutes prêtes. En guise de rappel, voici les indications nécessaires pour réaliser pâte brisée, sablée et à foncer à main levée.

Pensez à votre boulanger.
Vous pouvez très bien lui commander de la pâte feuilletée, de la pâte à pain et même de la pâte sablée, toutes réalisées par un professionnel.

LES MODÈLES DE PÂTES
LA PÂTE BRISÉE

Pour un poids de beurre, comptez deux fois ce poids en farine. Du sel, pour éviter toute fadeur, il vous en faudra 2 pincées généreuses pour 200 g de farine. Il s'agit de très bien mélanger beurre et farine du bout des doigts. Roulez le mélange entre les doigts et les paumes pour obtenir une farine enrichie en beurre. Là, votre pâte ne risque rien, vous ne risquez pas de la rendre dure ou trop élastique. Mais surtout, il faut que la communion de beurre, farine et sel soit parfaite, harmonieuse et sans gros paquets. Ajoutez et mélangez l'eau d'un geste sûr. Un demi-verre pour 200 g de farine. Cet ajout d'eau doit être rapide pour éviter de rendre votre pâte caoutchouteuse. Travaillez rapidement pour simplement lier l'ensemble. C'est prêt. Enfermez-la dans un film plastique pour éviter qu'elle ne sèche au contact de l'air. Si vous mettez cette pâte au réfrigérateur, pensez à la sortir avant de l'utiliser pour lui permettre de se réchauffer à température ambiante.

LES MODÈLES DE PÂTES
LA PÂTE À FONCER

Mêmes proportions que pour la pâte brisée mais vous ajouterez 1 jaune d'œuf juste avant l'eau avec célérité (1 jaune d'œuf pour 200 g de farine).

LES MODÈLES DE PÂTES
LA PÂTE SABLÉE

Voilà la pâte vedette des tartes dessert. Pâte sucrée, elle a une texture friable évoquant le sable, un peu comme un palet breton. Toute la difficulté pour la réaliser réside dans la rapidité que vous mettrez pour malaxer le mélange beurre/farine avec l'œuf et le sucre. Les ustensiles indispensables : les doigts, et même le bout des doigts, pour effriter, sabler la pâte. Bien sûr, vous pouvez préparer une quantité de pâte sablée plus importante que votre besoin, vous pourrez surgeler le reste sans problème pour une prochaine fois.

Pour 500 g de pâte sablée, mélangez 250 g de farine avec 125 g de beurre à température ambiante (de texture souple, bien souple), détaillé en petits cubes. C'est là qu'il faut obtenir le sable en mélangeant bien du bout des doigts beurre et farine, comme si chaque grain de farine était enrobé de beurre. Réunissez ce sable en cône pour creuser un puits au centre et versez dedans 1 œuf et 125 g de sucre en poudre. Là, il faut aller vite pour amalgamer le tout sans détruire le côté sable, sans trop malaxer. Faites une grosse boule avec votre pâte pour l'envelopper dans un film alimentaire et laissez-la reposer 1 heure au réfrigérateur. Après ce repos, elle se travaillera mieux au rouleau à pâtisserie.

LES MODÈLES SALÉS
LES TARTES SALÉES

Nous appelons rarement tartes, terme plutôt réservé au sucre, les tartes salées. Nous avons à notre disposition un vocabulaire assez riche pour les désigner : quiche même si les lardons ont disparu, pizza même si la pâte à pain n'est pas utilisée, tourtière ou encore chausson. La raison en est peut-être leur grande diversité car elles peuvent être à base d'œuf, de fondue de légumes, de viandes… C'est exactement le propos de notre manuel : une base appelant de multiples variantes, pourvu que l'on comprenne la structure de chaque type de tarte salée : quiche, compote de tomates, fruits secs, viande, restes…

L'important n'est jamais la recette en elle-même, mais bien comment elle met en route les différents ingrédients dans leur association et leur cuisson.

LES MODÈLES SALÉS
LES TARTES AVEC APPAREIL

LA QUICHE

Même sans être lorrain, il n'est pas compliqué de comprendre que la quiche a pour base des œufs battus en omelette, légèrement lactés ou crémés, et enrichis de lardons fumés et de fromage. La pâte à utiliser est normalement la pâte brisée mais, sincèrement, une feuilletée peut faire une bonne quiche.

Cette essentielle simplicité offre nombre de variables. Ainsi, suivant vos proportions œufs/lait, vous obtiendrez une consistance allant de l'omelette au flan. Pour l'effet omelette, il faut plus d'œufs que de lait ou de crème. Par exemple, pour notre base de tarte comptez 6 œufs pour un demi-verre de lait ou de crème. Pour l'effet flan, mélangez 4 œufs et le même volume d'un mélange lait/crème à part égale. Les cuisiniers ont une expression pour parler de cette égalité : le « tant pour tant ». Tant de lait et de crème pour tant d'œufs. Le mélange œufs/crème est la base. Dans la quiche classique, des lardons fumés sont grillés et disposés sur la pâte crue, le mélange œufs/lait ou œufs/crème est coulé dessus et, enfin, le tout est parsemé de fromage râpé. N'oubliez pas l'assaisonnement, pondéré par le sel des lardons, et une cuisson à four préchauffé à 180 °C pendant 30 à 40 minutes : vous avez la plus classique et délicieuse des quiches.

Mais pourquoi se limiter à noyer des lardons dans sa quiche ? Vous pouvez très bien les remplacer par des knacks découpées en rondelles. Parsemer du fromage râpé est assez efficace et les variétés de fromages pouvant cuire et fondre sont assez importantes pour jouer la variété.

Vous pouvez utiliser des restes de viande découpés en fines tranches, comme un reste de pot-au-feu ou de poule-au-pot.

Autre garniture pour notre mélange œufs/lait ou œufs/crème sont les légumes que vous aurez pris la peine de peler, de trancher finement et de faire cuire doucement à la poêle dans un peu de beurre ou d'huile. Oignons, poireau, courgettes, voire tomates font un joli plat. Nous pouvons aussi compléter notre base œufs/crème avec des légumes pour faire un plat équilibré au niveau nutritionnel grâce aux protéines des œufs et du fromage, aux fibres des légumes, aux sucres lents de la farine de la pâte et enfin ce qu'il faut de matière grasse, sans oublier le goût et le plaisir si indispensables à une bonne diététique.

Pour les légumes, vous pouvez utiliser aussi un reste de légumes de pot-au-feu découpés en tranches et noyés dans le mélange œufs/lait ou œufs/crème.

La technique de la quiche.

Pas d'inquiétudes, vous rencontrerez certainement des gens détenteurs de la vraie recette de la quiche, pour qui la définition de ce plat est sans fin. En particulier, faut-il ou ne faut-il pas de fromage sur la quiche ? Ils ont raison, mais pendant ce temps-là, nous, nous cuisinerons comme nous en avons envie, avec ou sans fromage, c'est suivant notre goût et ça n'a aucune importance.

LES MODÈLES SALÉS
LES TARTES AVEC APPAREIL

LA “QUICHE” AUX NOIX

C’est presque une quiche puisque la base est le mélange œufs/lait ou œufs/crème. Une grosse poignée de cerneaux de noix hachés est ajoutée à 4 œufs et 1 petit verre de lait (n’oubliez pas d’assaisonner). Déposez sur une pâte brisée, ajoutez du fromage par-dessus et mettez au four le temps de dorer le tout à 180 °C, thermostat 6/7.

Le petit plus pour cette tarte aux noix salée est qu’elle peut être accompagnée de sauce tomate en condiment lors de la dégustation.

LES MODÈLES SALÉS
LES TARTES AVEC APPAREIL

LA TARTE À LA BÉCHAMEL

Une garniture aromatique faite de viande ou de légumes peut-être liée par notre base d’œufs/lait, comme dans le type quiche, mais elle peut très bien être remplacée par une béchamel, surtout avec des éléments au goût plus délicat comme le poisson.

Comment faire une béchamel ? Dans une casserole, mettez à fondre une très grosse noix de beurre (environ 50 à 70 g). Une fois le beurre fondu, ajoutez une cuillère à soupe de farine, sans cesser de tourner et de mélanger avec une cuillère en bois. Une fois beurre et farine bien mélangés, accrochant presque au fond de la casserole, ajoutez petit à petit, toujours sans cesser de remuer, du lait par petites lampées en veillant à bien incorporer le lait avant d’en rajouter. En gros, vous pouvez mettre ¼ de litre de lait. N’oubliez pas d’assaisonner avec du sel et du poivre, ils sont obligatoires pour relever le tout. Vous pouvez aussi parfumer avec de la noix de muscade râpée, du piment ou du paprika.

De même, vous pouvez donner un peu plus de consistance à votre béchamel en y ajoutant une petite poignée de fromage râpé ou 1 œuf. Toujours en mélangeant vivement.

Sur votre pâte à tarte crue, déposez un reste de poisson émietté ou des crevettes décortiquées. Noyez avec la béchamel et hop, au four préalablement préchauffé, pour 30 minutes, le temps de cuire la pâte, à 180 °C, thermostat 6/7.

Les garnitures citées dans la quiche peuvent être aussi utilisées ici. La béchamel est souvent un peu fade, pensez à bien relever le tout ou à utiliser des éléments relevés en goûts. Le fromage râpé, parsemé à la surface est aussi un bon complément.

LES MODÈLES SALÉS

LES TARTES AUX LÉGUMES

LA TARTE À LA TOMATE

La pizza est une science complexe, nécessitant dans la tradition un four de boulanger avec une sole chaude, une pâte fine type pâte à pain et une garniture légère et bien répartie sur l'ensemble de la pâte. Difficile de réunir et de maîtriser tous ces éléments à la maison, c'est pour cela que notre manuel a opté pour une tarte à la tomate, réunissant certes tous les ingrédients caractérisant la pizza mais organisés autrement. Notre tarte à la tomate est plus garnie, presque plus riche et, bien sûr, comme les pizzas post-modernes actuelles, elle peut recevoir tous les ingrédients que vous désirez.

Sole (pizza) : c'est le bas d'un four à pain, la partie d'où vient la chaleur.

Vous avez utilisé tous les ingrédients nécessaires à une vraie pizza, mais ce n'est pas une pizza. Et c'est tant mieux pour vous, car elle est différente et meilleure.

Pâte brisée ou pâte à pain installée dans un moule à tarte comme toute autre tarte. Dans une grande poêle, faites fondre, faites cuire doucement, jusqu'à ce qu'ils soient translucides, 1 oignon pelé et émincé et 1 gousse d'ail pelée et découpée en tout petits morceaux. Ajoutez 1 boîte de tomates concassées ou entières et pelées ou encore 6 tomates de saison découpées en morceaux. Faites cuire pour réduire le maximum de liquide. Assaisonnez avec du sel et du poivre et si possible avec du thym et/ou de l'origan et de la marjolaine. Versez cette sauce tomate réduite sur la pâte. Ajoutez des olives noires et/ou des anchois si vous aimez, ou encore du jambon. Recouvrez de fromage râpé et glissez au four préchauffé à 180 °C, thermostat 6/7, pour 30 à 40 minutes, le temps que le fromage soit bien doré. C'est prêt. Une belle tarte à la tomate à manger avec une salade verte. Sain et nourrissant.

Vous avez utilisé tous les ingrédients nécessaires à une vraie pizza, mais ce n'est pas une pizza. Et c'est tant mieux pour vous, car elle est différente et meilleure.

LES MODÈLES SALÉS

LES TARTES RENVERSÉES

LA TATIN DE LÉGUMES

Tout le monde connaît la célèbre tarte des sœurs Tatin. Une tarte aux pommes, joliment caramélisée, cuite la pâte sens dessus dessous. Pourquoi limiter ce retournement de tarte aux seules pommes? Plusieurs légumes peuvent, grâce à leur sucre naturel, légèrement caraméliser à la cuisson. Pour favoriser cette caramélisation, le beurre, avec ses 20 % de petit-lait, est aussi recommandé. Enfin, la pâte pour le dessus peut être feuilletée ou brisée. À la différence des fruits, il est nécessaire de précuire les légumes.

Quels légumes? Tous ceux ayant une légère teneur en sucre: navet, carotte, tomate, fenouil, panais, oignon, échalote... Ces deux derniers peuvent accompagner tous les autres comme complément gustatif.

Récapitulons. Pelez et découpez en gros morceaux les légumes choisis. Faites-les cuire à l'eau salée tout en les gardant bien fermes (environ ¼ d'heure). Dans un moule à tarte, ou mieux un moule à manqué (c'est un moule à tarte avec des bords plus hauts – environ 5 cm), faites fondre une grosse noix de beurre. Rangez vos gros morceaux de légumes. Vous pouvez ajouter de fines tranches d'oignons ou d'échalotes avant de mettre les légumes à la poêle. Et pourquoi pas quelques olives ?

Déposez la pâte étalée pour couvrir le tout. Glissez au four préchauffé à 180 °C, thermostat 6/7, pour 30 à 40 minutes. Retournez pour démouler. Mangez bouillant.

LES MODÈLES SALÉS
LES TARTES DE RESTES

LA TARTATATOUILLE

Voilà une idée toute simple. Prenez un reste de ratatouille, juste de quoi donner du goût, l'équivalent d'un fond de bol (mais davantage ça marche aussi), 2 à 3 œufs et de quoi relever le tout: sel, poivre et, si on a, quelques herbes, persil, basilic, thym. Mélangez. Garnissez-en un fond de tarte brisée. Si on veut, et si on a, on peut ajouter un peu de fromage râpé. Glissez au four préchauffé à 180 °C, thermostat 6.

Fond : un fond de tarte, c'est ce qui est au fond de la tarte, c'est donc la pâte, cuite en générale.

La seule précaution à prendre c'est que la ratatouille soit bien sèche. Si nécessaire égouttez-la, mais ne jetez pas le liquide. Mettez-le dans une casserole pour le réduire jusqu'à ce qu'il n'en reste que quelques cuillères à soupe et ajoutez-le à la préparation.

LES MODÈLES SALÉS

LES TARTES DE RESTES

LA TARTE DE VIANDES

Il vous reste du pot-au-feu, de la poule-au-pot ou du jarret découpés en fines tranches ? Garnissez un moule à tarte avec une pâte brisée. Rangez vos fines tranches en deux couches sur cette pâte.

S'il vous reste quelques légumes du pot-au-feu, coupez-les aussi en tranches fines et rangez-les sur la viande en mélangeant les variétés.

Vous avez deux solutions pour napper votre garniture : soit 1 ou 2 œufs battus avec un demi-verre de lait, soit une sauce tomate maison ou en boîte.

On peut couvrir le tout avec du fromage râpé, mais rien d'obligatoire. N'oubliez pas d'assaisonner avec sel et poivre au minimum et herbes fraîches et épices suivant l'envie. Et comme d'habitude, glissez à four préchauffé pour dorer.

LES MODÈLES SALÉS

LES TARTES PLIÉES ET TARTES À CHAPEAU

Si vous n'avez qu'un demi-moule à tarte, ça peut arriver, ou même un moule à tarte entier mais que vous ne voulez utiliser que par moitié pour éviter de l'user, l'autre manière de faire une tarte à chapeau est de la plier. Comme d'habitude, le but du jeu n'est pas d'être logique mais de donner une solution pratique. J'ai deux pâtes, je fais une tarte à chapeau, une pâte au-dessus, une pâte au-dessous et la garniture au milieu. Je n'ai qu'une pâte, je garnis sur une moitié et replie ma pâte en un joli chausson : j'ai une tarte pliée.

Mais ce n'est pas un peu la même chose ? Un moule à tarte, une pâte remplie de notre préparation, une pâte posée par-dessus. Rabattez les bords de celle du dessous sur celle du dessus. Soudez bien, toujours avec la fourchette, n'oubliez pas la cheminée. Ce type de tartes aime la dorure. Très simplement, vous badigeonnez le dessus de la tarte d'un jaune d'œuf dilué avec de l'eau ou du lait. Ce badigeonnage donnera un aspect brillant et doré à votre tarte après cuisson.

Une tarte à chapeau, ou tourte, dans le monde du salé, est tout simplement une tarte pliée, ou chausson, un peu plus conséquente. Simplement, tout ce qui a permis de garnir une tarte pliée peut garnir une tarte à chapeau. Et inversement. Vous pouvez utiliser des blettes, des épinards, de la verdure à cuire pour faire une remarquable tourte.

LES MODÈLES SALÉS
LES TARTES PLIÉES

LE CHAUSSON À LA BRANDADE

Il existe dans le commerce des verres de brandade toute prête qu'il vous suffit d'agrémenter d'olives vertes pour garnir de petits chaussons de pâte. Pensez juste à bien souder les bords, histoire que la garniture ne s'épanche pas, et vous aurez les plus divins chaussons de brandade de morue.

On trouve aussi de la brandade Parmentier, une préparation à base de morue et de pommes de terre écrasées, qui peut très bien garnir aussi de manière un peu plus consistante des chaussons. Pour parfumer ce genre de préparation vite faite, vous ajoutez toujours les olives, une poignée de persil haché, des fruits secs concassés en fonction de vos stocks. N'hésitez pas à les utiliser.

LES MODÈLES SALÉS
LES TARTES PLIÉES

LE CHAUSSON À LA VIANDE

Un hachis de viande bien parfumé et légèrement précuit peut garnir à merveille un chausson.

Le principe est simple. Agneau, porc, veau, ou même ces viandes mélangées et hachées, sont mis à revenir à feu vif avec un soupçon d'huile d'olive à la poêle.

À ce hachis précuit, ajoutez une grosse poignée d'herbes fraîches (persil, basilic, thym, marjolaine, sarriette ou pourquoi pas blettes ou épinards) qui faneront à la chaleur du hachis. N'oubliez pas de saler et de jouer avec les épices (poivre, piment, cumin, curry, fenouil…).

La liste des ingrédients à ajouter est bien sûr à votre convenance : quelques amandes effilées, quelques pignons et pourquoi pas des noisettes concassées peuvent parfaitement s'ajouter à votre mélange. Les olives peuvent rentrer dans le jeu tout comme des petits cubes de fromage.

Mélangez. Garnissez votre pâte sur la moitié, repliez et soudez en pressant fermement les bords avec une fourchette. N'oubliez pas la petite cheminée qui permet à la vapeur de s'échapper et glissez au four pour bien dorer.

Servez bien chaud avec une salade verte, c'est parfait.

Cheminée : c'est le petit trou au sommet du couvercle d'une tarte.

LES MODÈLES SALÉS

LES TARTES À CHAPEAU

LA TOURTE AUX ÉPINARDS ET À LA FETA

Prenez une pâte brisée pour le fond avec des bords bien débordants. Lavez les épinards et hachez-les grossièrement. Pelez 2 échalotes ou 1 oignon, 2 gousses d'ail et détaillez-les en fines tranches – on dit « émincer ».

Éminçer : découper en fines tranches

Dans une poêle, mettez à chauffer 2 cuillères à soupe d'huile d'olive, ajoutez oignon ou échalote et ail. Faites fondre, rendez-les translucides sans les colorer. Ajoutez les épinards. Laissez faner. Égouttez bien cette cuisson et mettez dans un saladier.

Ajoutez des petits morceaux de feta, assaisonnez de poivre et de sel car la feta est salée. Mélangez avec une cuillère. Vous pouvez ajouter quelques olives vertes si vous voulez, mais ce n'est pas obligatoire. Versez ce mélange sur votre fond de tarte et répartissez.

Couvrez avec une autre pâte brisée ou une pâte feuilletée. Rabattez les bords et soudez bien en appuyant avec les doigts. Faites un petit trou comme une petite cheminée. Peignez la pâte (on dit « dorer ») avec du lait. Parsemez le chapeau avec des graines de sésame, de nigelle ou de fenouil.

Dorer la pâte : badigeonner un dessus de tarte avec du lait ou un œuf battu pour lui permettre de dorer à la cuisson.

Glissez à four préchauffé et laissez dorer joyeusement. Coupez des parts et dégustez.

LES MODÈLES SUCRÉS

LES TARTES SUCRÉES

La plus célèbre des tartes, celle aux fruits, peut réserver les plus divines surprises et les expériences les plus étranges. Sa grande difficulté réside dans cette capacité qu'ont bien souvent les fruits à détremper la pâte, ce qui peut être bon mais parfois d'un aspect pas très ragoûtant.

Trois solutions s'offrent à nous : fruits crus sur pâte cuite, fruits finement coupés sur pâte crue et fruits précuits sur pâte crue.

La grande difficulté est d'avoir la capacité d'imaginer un fruit après cuisson. Reconnaissons que ce n'est pas une chose simple. Bien souvent, nous nous sommes surpris à observer une fraise, une pomme ou une mangue, à la regarder droit dans les yeux et lui dire : « fais-tu du jus ? » Malheureusement, quel que soit le fruit, aucune réponse n'est jamais venue. La seule solution est l'expérience ou, mieux, le partage d'expérience. Nous pourrions donc faire une liste de fruits à utiliser en tarte, crus, précuits ou cuits sur pâte. Là encore, les fruits sont bien plus vicieux qu'ils ne le laissent croire.

Une pomme, suivant sa variété, après cuisson peut avoir gardé sa forme ou explosé en compote.

Bien évidemment, nous n'avons aucune prétention à une science universelle et infuse de la réaction des fruits à la cuisson. En plus de nos indications, vous devez à tout prix interroger votre entourage composé de la famille, des amis mais aussi de vos commerçants qui théoriquement sont ceux qui connaissent le mieux les fruits.

Bien souvent, nous nous sommes surpris à observer une fraise, une pomme ou une mangue, à la regarder droit dans les yeux et lui dire : « fais-tu du jus ? » Malheureusement, quel que soit le fruit, aucune réponse n'est jamais venue. La seule solution est l'expérience ou, mieux, le partage d'expérience.

LES MODÈLES SUCRÉS

LES TARTES AUX FRUITS CRUS SUR PÂTE CRUE

LA TARTE FINE AUX POMMES

Il faut la réaliser au dernier moment. Sa cuisson dure environ 15 minutes. Elle sera croustillante et toute chaude, le goût vif, les parfums présents et la pâte légère.

La pâte feuilletée est obligatoire, étalée très finement. Si vous utilisez une pâte feuilletée pré-étalée, affinez-la au rouleau à pâtisserie pour obtenir une épaisseur d'à peine 2 mm.

Coupez vos pommes en deux, pelez-les et retirez le trognon. Posez votre demi-pomme sur une planche et tout en maintenant sa forme, détaillez-la en très fines tranches.

Votre demi-pomme a toujours sa forme, chaque tranche fine l'une contre l'autre. Du creux de la main, étalez joliment cette demi-pomme. Glissez une lame de couteau large sous la demi-pomme pour pouvoir la déplacer et déposez-la sur la pâte. Il vous faut de 2 à 3 pommes pour recouvrir toute la tarte.

Parsemez de quelques noix de beurre, saupoudrez de sucre glace. À la cuisson, beurre et sucre vont caraméliser. Glissez à four bien chaud, à 200 °C, thermostat 8. Surveillez la cuisson qui est rapide en raison de sa faible épaisseur. Dégustez au sortir du four.

LES MODÈLES SUCRÉS

LES TARTES AUX FRUITS CRUS SUR PÂTE CUITE

LA TARTELETTE AUX FRUITS ROUGES

La fraise, la framboise, la groseille, la mûre, la myrtille, le cassis, la cerise : tous ces fruits rendent beaucoup de jus et ont un parfum très délicat lorsqu'ils sont crus. Pourquoi s'embêter ?

Prenez une jolie pâte légèrement sucrée, comme une pâte sablée ou brisée, saupoudrée de sucre glace et cuite vide. On appelle cela une cuisson à blanc (voir page 102). Une fois la pâte cuite et refroidie, garnissez-la de ces fruits crus en abondance.

C'est beau la tarte et varié presque à l'infini.
Mais cela peut servir aussi à autre chose dans le langage familier.
À être trop tarte, voire tartignole, on peut recevoir une tarte !

LES MODÈLES SUCRÉS

LES TARTES RENVERSÉES

LA TARTE TATIN

Mais bien sûr, c'est la célèbre tarte Tatin. Remplacez votre moule à tarte par un moule à manqué ou un plat à gratin, en fait un moule à bords assez hauts. Mettez 150 g de sucre dans votre moule et 1 cuillère à soupe d'eau.

Mettez sur le feu et faites un caramel. Répartissez bien ce caramel sur le fond du moule à tarte tant qu'il est chaud et déposez dessus des fruits peu juteux (pomme, poire, mangue...), pelés et découpés en quartiers.

Recouvrez le tout de votre pâte et glissez au four. Une fois dorée et quand c'est encore chaud, retournez votre tarte sur le plat de service.

Comment faire pour ne pas s'en mettre partout? Prenez une assiette plus grande que le plat, posez-la sur le plat, une main au-dessus et une main protégée au-dessous (attention, c'est chaud) et là, d'un mouvement semi-circulaire, faites passer l'assiette au-dessous et le plat au-dessus. Le geste doit être ferme et décidé comme un premier baiser.

Pour tout vous avouer, comme un premier baiser, ça peut louper la première fois.

D'un mouvement semi-circulaire, faites passer l'assiette au-dessous et le plat au-dessus. Le geste doit être ferme et décidé comme un premier baiser.
Pour tout vous avouer, comme un premier baiser, ça peut louper la première fois.

LES MODÈLES SUCRÉS

LES TARTES PLIÉES

LES CHAUSSONS AUX POMMES

Un reste de compote ou une compote préparée spécialement, bien sèche surtout, et déposée sur la moitié d'une abaisse de pâte. Rabattez la moitié de la pâte restante sur la garniture pour former chausson.

Abaisse : c'est le nom d'une pâte à tarte étalée.

Avec les dents d'une fourchette, soudez hermétiquement les bords. Sur le dessus, à la pointe du couteau, faites un petit trou dans la pâte pour laisser la vapeur s'échapper.

Ce type de tarte aime la dorure. Très simplement, vous badigeonnez le dessus de la tarte d'un jaune d'œuf dilué avec de l'eau ou du lait. Ce badigeonnage donnera un aspect brillant et doré à votre tarte après cuisson.

Cette technique est parfaite pour faire des petits chaussons individuels. Vous aurez découpé au couteau vos cercles de pâte en suivant le contour d'un bol retourné.

LES MODÈLES SUCRÉS

LES TARTES AUX FRUITS AVEC APPAREIL

LA TARTE AUX PRUNES

Prenez une pâte feuilletée, sablée ou brisée, assez fine, pour garnir un moule à tarte. Pour évaluer la quantité de fruits nécessaires, garnissez la moitié de votre pâte avec des prunes entières (des pêches ou des abricots font aussi l'affaire). Pourquoi la moitié ? Car une fois coupés en deux, ils rempliront la pâte. Détaillez alors vos prunes en oreillons.

Oreillons : des moitiés de pêches, de prunes ou d'abricots dénoyautés.

Dans une grande poêle, mettez une grosse noix de beurre à chauffer sur feu vif. Posez dans la poêle les demi-prunes côté chair et faites-les saisir. Elles vont rendre du jus, à ce moment-là arrêtez le feu et laissez reposer.

Dans un bol, mélangez 3 cuillères à soupe de poudre d'amandes ou de noisettes, 2 œufs, 1 demi-verre de lait et 1 cuillère à soupe de sucre en poudre. Mélangez bien. Déposez de manière régulière vos demi-prunes sur la pâte à tarte. Ajoutez le jus de la poêle au mélange d'amandes et versez le tout sur les prunes. Glissez au four préchauffé à 180 °C. Une fois la tarte dorée, c'est prêt.

LES MODÈLES SUCRÉS

LES TARTES AVEC APPAREIL

LA TARTE AU FROMAGE BLANC

Garnissez un moule à tarte avec une pâte brisée. Dans un saladier, mettez 4 cuillères à soupe de fromage blanc bien égoutté (vous pouvez aussi utiliser de la ricotta ou de la brousse), 2 œufs, 1 cuillère à soupe de sucre en poudre. Parfumez avec le zeste d'un citron râpé ou 1 cuillère à café d'eau de fleur d'oranger. Mélangez bien.

Versez ce mélange sur votre pâte. Glissez au four préchauffé à 180 °C.

Zeste : écorce de l'orange ou du citron prélevée pour ses principes odorants.

LES MODÈLES SUCRÉS
LES TARTES AVEC APPAREIL

LE FLAN

Ce type de tarte oublie les fruits pour préférer le lait. En fait, de manière très simple, utilisez un laitage, des œufs, du sucre, le tout mélangé pour garnir votre fond de tarte.

Nous utilisons à dessein le terme de laitage parce que nous pouvons utiliser du lait, de la crème ou un caillé. Dans la catégorie caillé, vous avez le fromage blanc à égoutter mais aussi la ricotta ou la brousse.

Vous pouvez compléter cette base avec un parfum : zeste d'agrume (citron, orange, cédrat), de la vanille, de la cannelle ou pourquoi pas de la fleur d'oranger.

Les proportions ? Pour 200 g de laitage, comptez 2 œufs et 3 cuillères à soupe de sucre.

LES MODÈLES SUCRÉS
LE CLAFOUTIS

Clafoutis est la version limousine, milhar la réalisation auvergnate. Ce n'est pas réellement une tarte, pas un réceptacle, mais plutôt une enveloppe de cerises, de myrtilles, de pommes poêlées, de mirabelles... Mais on peut l'ajouter dans nos modèles, comme une base pouvant accueillir des fruits.

La pâte ressemble à une pâte à crêpe : 6 cuillères à soupe de farine, 2 œufs, 2 cuillères à soupe de sucre et 1 verre de lait. Prenez la peine de bien beurrer le moule à manqué ou à gratin et farinez. Disposez vos fruits en rangs serrés et versez la pâte dessus. Glissez au four à 180 °C jusqu'à ce que le dessus soit bien doré.

À cette base vous pouvez ajouter un parfum :
zeste d'agrume (citron, orange, cédrat),
de la vanille, de la cannelle
ou pourquoi pas de la fleur d'oranger.

SCÉNARIO AUTOUR D'UN FRIGO ET D'UN PLACARD

SCÉNARIO 5 DIMANCHE SOIR

Cette balade m'a fatigué, mais j'ai faim et j'ai la flemme. Je tire une chaise. Je m'installe devant le réfrigérateur. Je suis vraiment fatigué. Allez, ouverture. Juste sous mes yeux, qu'est-ce que je vois? Une pâte brisée pré-étalée. De quoi faire revenir mon énergie. Une pâte à tarte c'est un réceptacle, je n'aurai qu'à garnir et glisser au four et je suis sûr que ça me remettra d'aplomb.

Bon, j'ai la pâte. Que vais-je mettre dedans? Toujours sur ma chaise, face à mon frigo, je vois un reste de poulet, pas mal. Tiens une tomate. J'ai des œufs? Oui, quatre.

Allez, en route.

D'abord, ne pas oublier de préchauffer le four à 180 °C ou thermostat 6.

Je garnis un moule avec ma pâte. Je pique le fond avec une fourchette, histoire de ne pas voir à la cuisson la pâte se soulever par endroits.

De ma carcasse de poulet, je retire et déchire tous les petits morceaux de chair qui restent et, je ne suis pas un sot, je n'oublie pas les sot-l'y-laisse. Tout ces petits morceaux poulet sont répartis sur le fond de la tarte.

Ma tomate! Je la lave, enlève le pédoncule, la petite queue verte, et la coupe en fines tranches. Ces petites tranches viennent sur le poulet.

Dans un petit saladier, je casse mes œufs et j'ajoute un demi-verre de crème ou de lait, en fonction de ce qu'il y a dans mon réfrigérateur. Sel et poivre. Et, armé d'une fourchette, je bats le tout en omelette.

Je recouvre poulet et tomate avec mes œufs battus. Ça commence à prendre forme.

Dans mes restes de fromages, ai-je du râpé? Si oui, parfait, une bonne couche sur le dessus de ma tarte. Si non, il me reste forcément un morceau d'emmental, de comté, de gruyère ou de cantal. Je découpe en fines tranches pour recouvrir ma tarte.

Un peu de couleur et de goût? Voyons dans mon coin à épices.

Le carvi, le fenouil ou le cumin pourraient être saupoudrés sur le dessus. S'ils sont en grains, et pas en poudre, c'est encore mieux car ils craqueront sous la dent à la dégustation. Tiens, quelques belles pincées de paprika pourraient ajouter un peu de couleur.

Un quart d'heure pour faire tout ça, je suis très fort. Allez, hop au four pour une demi-heure environ mais seule la couleur bien dorée du fromage fondu annoncera la bonne cuisson.

Le temps de mettre le couvert, de me délasser les orteils et ce sera prêt.

Une vraie tarte, facile à faire, mangeable à la main. C'est dimanche, tranquille.

Un quart d'heure pour faire tout ça, je suis très fort.
Allez, hop au four pour une demi-heure environ mais seule la couleur bien dorée du fromage fondu annoncera la bonne cuisson.
Le temps de mettre le couvert, de me délasser les orteils et ce sera prêt.
Une vraie tarte, facile à faire, mangeable à la main.
C'est dimanche, tranquille.

Gâteau au pot

Ne maintenons pas le suspense plus longtemps : il s'agit du gâteau au yaourt. Fastoche, vous dites-vous, trop simple. Teu, teu, teu.

Selon notre principe d'énoncer des bases, une technique, modifiables presque à l'infini, le gâteau au yaourt est un dessert supportant facilement les variantes. La base est facile à assimiler et votre imagination prête à jouer avec l'instant, la saison et les envies du moment. Le gâteau au yaourt, avec son principe d'utiliser un pot de yaourt comme mesure, est aussi le gâteau des enfants. Pas de balance, de verre mesureur, pas de poids, pas de volume millimétré, juste un pot de yaourt.

Mais peut-être que vous ne connaissez pas le principe ? C'est un gâteau tout simple, avec un yaourt certes, mais qui réutilise le pot du dit-yaourt pour mesurer les autres ingrédients : farine, sucre, matière grasse. Vous pouvez varier légèrement les quantités et surtout garnir ce gâteau facile de quantités de produits de pâtisserie. Ce gâteau est moelleux, très moelleux.

Pour récapituler, un gâteau trop simple, utilisant un pot de yaourt comme base de mesure, pouvant varier la quantité de chaque élément, pouvant varier le type de chaque élément, c'est-à-dire varier les sucres, les farines et les matières grasses.

Plongez et noyez dans la pâte crue des petites choses pleines de goût. Ou fendez le gâteau, une fois cuit, pour le garnir de quelques douceurs.

GÂTEAU AU POT

LA TECHNIQUE DU GÂTEAU AU POT

UN POT DE YAOURT COMME ÉTALON

Un mode d'emploi tout simple car il n'y a qu'un nombre à retenir : 1 322,5.

Les quantités

Les pâtissiers sont en général très fiers de la précision de leurs pratiques. Réussir la pâtisserie demande des poids précis, très précis, un ordre de mise en route tout aussi précis et des gestes qui ne supportent pas l'approximation.

Pour notre gâteau au pot, peu importe dans quel ordre vous mettez vos produits en route. De même, un pot, un pot et demi, deux pots, vous pouvez varier suivant que vous désirez un gâteau plus ou moins moelleux, gras, sec ou suivant ce que vous avez sous la main.

Le principe de base recommande 1 yaourt, 3 pots ras de farine, 2 pots ras de sucre en poudre, 2 œufs et 1/2 pot de matière grasse. D'où notre chiffre aide-mémoire : 1 322,5.

Mélangez tout ça, ajoutez une demi-cuillère à café de levure chimique. Et voilà, il n'y a plus qu'à faire cuire.

Mais ces quantités de 1 322,5 peuvent bouger. Le yaourt, c'est 1, c'est notre base. La farine, vous pouvez légèrement en baisser la quantité si vous trouvez votre gâteau un peu lourd, un peu sec. Entre 2 et 3 pots de farine, ça marche très bien. Pour le sucre, vous pouvez réduire à 1,5 ou 1 pot. Pour la matière grasse, suivant sa richesse, de 1/2 à 1 bien plein, ça marche toujours. Même les œufs, en fonction de leur grosseur, de 2 pour des gros (70 g l'œuf) à 3 pour des petits (55 g l'œuf), ça marche toujours.

C'est comme d'habitude l'expérience, qui vous permettra de faire votre gâteau au yaourt. Retenez comme base 1 322,5 et, la pratique avançant, ajustez.

LES ÉTAPES

Un chiffre à retenir : 1 322,5.
C'est-à-dire :
1 pot de yaourt
3 pots de farine
2 pots de sucre
2 œufs
1/2 pot de matière grasse
Et de la levure !

Le matériel

La vaisselle, souvent problème de la pâtisserie par son abondance, est réduite ici à son strict minimum. Le pot de yaourt – vous pouvez d'ailleurs mettre de côté un pot de yaourt en verre pour l'utiliser quand vous le voulez, et surtout si achetez du yaourt en gros pots. Une fourchette ou un fouet pour mélanger. Un saladier pour réaliser le mélange. Si vous en avez la possibilité, un cul-de-poule avec sa forme parfaitement hémisphérique permet de mélanger les ingrédients rapidement et parfaitement sans laisser de petits coins oubliés.

Une spatule ou une cuillère pour bien racler le saladier au moment de transvaser le mélange dans le moule. Là, vous pouvez vous procurer une maryse (pas votre voisine, mais toujours l'imaginaire culinaire pour les ustensiles) qui est une spatule en silicone qui permet de parfaitement récurer l'ustensile dans lequel vous avez mélangé les ingrédients.

Enfin le moule. Le plus efficace quant au contact à la chaleur et à l'abondance du cœur, c'est certainement le moule à manqué.

Moule à manqué : sorte de moule à tarte aux rebords lisses de 4 à 5 cm de hauteur.

- LA TECHNIQUE DU GÂTEAU AU POT -

Pour nos quantités (1 322,5), un moule d'environ 20 cm de diamètre sera parfait. Plus grand, le gâteau sera moins épais, plus petit vous gagnerez en épaisseur. Si vous n'avez pas de moule à manqué, un moule à cake de 20 à 25 cm de long fait un gâteau différent. Mais, vous vous en doutez, plusieurs moules de formes différentes vous feront autant de gâteaux différents. Et ce n'est pas sûr qu'une forme différente de gâteau ne lui donne pas un goût différent !

DÉBUTANT ATTENTION

Entre un gâteau pas assez cuit et un gâteau trop cuit, et donc trop sec, la différence est ténue. Il faut apprendre à maîtriser le jugement du couteau planté au cœur du gâteau. La lame doit ressortir sans aucune trace de pâte crue mais avec cet aspect humide et gras de la bonne cuisson.

La mise en cuisson

Vous aurez bien entendu pris la peine de mettre à chauffer votre four au moment où vous commencez à préparer le gâteau au pot. Réglez sur 180 °C, thermostat 6/7. Parfait.

Pour que votre gâteau se démoule sans difficulté, beurrez bien le moule avec un morceau de beurre mou que vous étalez avec les doigts sur toute la surface intérieure du moule.

Dans le moule beurré, versez une cuillère à soupe de farine que vous faites adhérer au beurre en tournant le moule dans tous les sens. Ainsi, le gâteau se démoulera sans problème à la sortie du four. Vous pouvez mettre aussi une feuille de papier aluminium sur toute la surface intérieure du moule, c'est moins élégant et moins net au démoulage mais ça marche aussi.

Une fois votre moule à manqué ou votre moule à cake rempli du mélange, glissez au four pour 40 minutes. La meilleure manière pour savoir si votre gâteau est cuit, c'est de l'observer et de le tester. À partir de 30 minutes de cuisson, normalement votre gâteau commence à prendre une belle couleur dorée. Piquez, sans autre forme de procès, un couteau à lame fine et pointue. S'il ressort sec, sans pâte adhérente, le gâteau est cuit.

Le yaourt

Ce sont les yaourts nature qui nous intéressent. Parfois, certains producteurs ajoutent de la gélatine pour améliorer la consistance de leurs yaourts. Laissons à ces fabricants leurs yaourts et ne prenons que des yaourts à base de lait et de ferments lactiques. Les plus basiques.
Vous pouvez en revanche utiliser tous les laits caillés du marché. À vous de choisir le yaourt que vous préférez suivant son acidité, sa consistance ou le lait utilisé.
Que ce soit des yaourts de lait de vache ou des yaourts de lait de chèvre ou de brebis, plus gras et à la consistance plus ferme, tout marche bien.
Les yaourts brassés ou battus, plus onctueux, fonctionnent tout aussi bien.
Vous pouvez aussi utiliser des laits caillés, plus originaux : le leben, lait caillé liquide, vendu en brique comme le lait traditionnel au Maghreb ou simplement un fromage frais qui donnera un peu plus de consistance au gâteau.
Si vous utilisez des yaourts en gros pot ou du lait caillé en brique, c'est là qu'un petit pot de yaourt en verre de récupération vous sera utile pour doser vos ingrédients.

La farine

Généralement pour la pâtisserie, il est recommandé d'utiliser de la farine de blé de type 45, mais une farine de type 55 marche tout aussi bien.
Histoire de savoir, observons les différents types de farines de blé. Plus le type d'une farine est faible, plus la farine est débarrassée du son. En France, il est possible de trouver dans le commerce six types de farine, suivant leur richesse en son, en tégument, enveloppe et germe du grain de blé. En fait, on parle de cendres que sont les sels minéraux contenus dans l'enveloppe du grain de blé : plus la farine est purifiée, moins elle contient de cendres.
Farine type 45 : c'est la plus pure, réservée à la pâtisserie et à la fabrication des crêpes.
Farine type 55 : encore utilisable pour la pâtisserie et les utilisations courantes en cuisine comme les sauces, les crêpes et aussi le pain.
Farine type 65 : parfaite pour le pain.
Farine type 80 : pour des pains dits spéciaux, riches en minéraux.
Farine type 110 : pour le pain complet.
Farine type 150 : pour le pain au son.
Mais revenons à notre gâteau à pot.

Vous pouvez très bien, afin de varier les plaisirs, remplacer un quart à un tiers de la farine de blé utilisée par une farine d'autres graines ou mieux par de la poudre de fruits secs.
Expliquons-nous. Vous pouvez aussi utiliser de la farine de seigle en petites quantités pour donner un côté rustique à votre gâteau. Mais surtout, vous pouvez choisir aussi de la poudre d'amandes, de noix ou de noisettes pour totalement changer la personnalité de votre gâteau.
Ainsi, dans notre chiffre aide-mémoire 1 322,5, il y a trois pots de farine.
Remplacez tout simplement l'un de ces pots de farine par de la poudre d'un fruit sec.
Si l'occasion se présente, mais c'est assez cher, vous pouvez aussi utiliser en petites quantités (un demi-pot de yaourt) de la poudre de pistache ou de la pâte de pistache. L'effet est légèrement verdoyant et le goût parfait.

Les sucres

Les plus basiques des sucres en poudre sont à utiliser le plus souvent. Un sucre roux en poudre apportera un goût légèrement différent. Vous pouvez aussi mettre moitié sucre et moitié miel pour obtenir un petit côté pain d'épices.
Enfin dans notre chiffre magique 1 322,5, nous avons deux pots de yaourt de sucre.
Si vous trouvez votre gâteau trop sucré, vous pouvez réduire jusqu'à un pot de sucre, surtout si vous souhaitez garnir votre gâteau de caramel, de chocolat ou de crème (voir page 143).

La matière grasse

Traditionnellement, les recettes préconisent d'utiliser un demi-pot de yaourt d'huile ! Sincèrement, l'huile avec ses 100 % de matière grasse ne semble pas la meilleure solution, surtout que d'autres matières grasses sont bien plus agréables.
Un demi-pot de yaourt de beurre fondu est bien plus classique, de meilleur goût et n'offre que 80 % de matières grasses.
Une autre solution qui donne un goût particulier, presque caramélisé, c'est la crème fraîche liquide. Beaucoup moins grasse (35 %), vous pouvez d'ailleurs doubler la dose pour insister sur le goût en utilisant un plein pot de yaourt.
Pour revenir quand même à l'huile, si vous voulez marquer le goût de fruits secs comme les noix ou les noisettes, il est possible de mélanger au demi-pot de yaourt d'huile un peu d'huile de noix ou de noisettes. Mais attention, ces goûts peuvent être un peu marqués et surprendre des palais non-habitués.

Les œufs

Nous l'avons déjà signalé, dans le commerce on trouve des œufs petits d'environ 50/55 g : dans ce cas, il faut plutôt en utiliser trois. Pour de gros œufs (près de 70 g), il vaut mieux réduire à deux.

Les parfums

Presque tous les parfums utilisés traditionnellement en pâtisserie peuvent être ajoutés à notre gâteau au pot.
Dans les épices, cannelle et vanille sont les plus classiques et les plus simples à utiliser. Comptez une cuillère à café pour la cannelle en poudre et une gousse de vanille que vous aurez pris la peine de fendre et de gratter. Pour la vanille, vous pouvez même utiliser une cuillère à café d'extrait liquide.
Pour reprendre le parfum de certaines brioches régionales, vous pouvez parfumer un gâteau au pot beurré ou crémé avec une grosse pincée de safran et une cuillère à café de graines d'anis.
En plus des épices, vous pouvez ajouter à votre mélange d'ingrédients une cuillère à café d'eau de fleur d'oranger ou encore une cuillère à soupe de rhum.
Vous pouvez aussi mélanger à la moitié de votre pâte crue un demi-pot de yaourt de chocolat en poudre. Mélangez bien. Et coulez en couche dans votre moule : d'abord la pâte normale puis la pâte chocolatée. Vous obtiendrez ainsi un gâteau marbré !

Les garnitures

Notre gâteau au pot de yaourt est accueillant. Comme nous l'avons vu, il est déjà possible de parfumer notre gâteau avec épices, rhum ou eau de fleur d'oranger, mais nous pouvons aussi l'agrémenter en introduisant au milieu du gâteau cuit plusieurs types de garnitures. Une fois votre gâteau bien refroidi, taillez-le dans son épaisseur avec un grand couteau pour obtenir deux demi-gâteaux : le chapeau et le dessous. Soulevez délicatement le chapeau. Et là, tartinage !
Avec quoi ? Quantité de solutions simples comme une confiture bien parfumée, une marmelade d'oranges, un coulis de framboises, une gelée de groseilles… Pensez à prendre plutôt des confitures bien goûteuses pour trancher avec le gâteau. Vous pouvez remplacer ces confitures par une pâte à tartiner à base de chocolat et de noisettes. Vous pouvez aussi utiliser de la crème chantilly.
Une fois votre dessous généreusement tartiné vous n'avez plus qu'à replacer le chapeau. Vous obtenez ainsi un joli et gourmand gâteau au pot garni.
Pour tartiner votre gâteau, vous pouvez aussi opter pour un caramel coulant à la crème.

Les fruits

Un certain nombre de fruits peuvent agrémenter notre gâteau. Pommes, et poires, pelées, épépinées, coupées en quartiers peuvent être déposées à la surface de la pâte crue. Pourquoi à la surface ? Les quartiers saisis par la chaleur en début de cuisson seront noyés par la pâte quand elle gonflera. L'autre raison de les poser au-dessus c'est pour éviter qu'ils ne tombent au fond du gâteau. Comptez deux pommes ou deux poires pour notre base 1 322,5.
Plus exotique, vous pouvez aussi mettre deux bananes pelées et taillées en tronçons ou encore une mangue pelée dont vous aurez découpé la chair en gros cubes.
En hiver, pensez aux oranges qui apporteront fraîcheur et acidité à un gâteau assez riche. Le mieux pour les oranges étant de les tailler à cru. Petite explication : pelez votre orange à vif avec un couteau bien aiguisé. Dégagez les quartiers en suivant les membranes avec un couteau. Vous devez obtenir de la chair en quartiers sans peau. C'est bien meilleur.
Au début de l'été, pensez aussi à de belles cerises bien mûres parsemées sur le gâteau cru.

Divers

Toujours déposés sur le dessus de la pâte crue, pour les laisser se faire absorber par le gâteau au fur et à mesure qu'il lèvera, vous pouvez ajouter des cerneaux de noix, des copeaux de chocolat ou des fruits confits en morceaux pas trop gros.

LES MODÈLES

Récapitulons par des modèles de bases de trois types de gâteau au pot (de yaourt). À vous par la suite de moduler et d'adapter votre choix et vos goûts.

LES MODÈLES
LE PLUS SIMPLE

Mettez à chauffer votre four à 180 °C ou thermostat 6/7. Dans un saladier, réunissez notre base 1 322,5 : le contenu de 1 pot de yaourt, 3 pots de yaourt de farine, 2 pots de yaourt de sucre, 2 œufs et un 1/2 pot de yaourt d'huile, type arachide ou tournesol.

Ajoutez 1 petite cuillère à café de levure chimique. Mélangez bien avec une fourchette ou un fouet pour obtenir une pâte bien lisse.

Beurrez généreusement votre moule. Recouvrez le beurre de farine. Enlevez l'excès de farine en tapant sur votre moule. Versez votre pâte dans le moule. Glissez au four.

Au bout de 30 minutes, si le gâteau commence à dorer, plantez un couteau pointu au milieu de la pâte. En le ressortant, si celui-ci est bien sec, votre gâteau est cuit. Sortez-le du four et patientez 15 minutes avant de le démouler. Laissez refroidir et dégustez.

LES MODÈLES

LE GÂTEAU AU POT AUX NOISETTES ET AU CARAMEL

Faites préchauffer votre four à 180 °C (thermostat 6/7). Dans un saladier, réunissez notre base 1 322,5 : le contenu de 1 pot de yaourt, 2 pots de yaourt de farine, 1 pot de poudre de noisettes, 2 pots de yaourt de sucre, 2 œufs et remplacez l'huile par 1 pot de crème liquide.

Ajoutez 1 cuillère à café de levure chimique. Mélangez bien avec une fourchette ou un fouet pour obtenir une pâte bien lisse.

Beurrez généreusement votre moule. Recouvrez le beurre de farine. Enlevez l'excès de farine en tapant sur votre moule. Versez votre pâte dans le moule. Glissez au four.

Au bout de 30 minutes, si le gâteau commence à dorer, plantez un couteau pointu au milieu de la pâte. En le ressortant, si celui-ci est bien sec, votre gâteau est cuit. Sortez-le du four et patientez 15 minutes avant de le démouler.

Pendant ce temps, préparez un caramel. Dans une casserole bien propre, mettez 200 g de sucre et déposez sur le feu. Surveillez bien la fonte du sucre et l'apparition du caramel pour ne rien brûler. Ne cherchez pas à mélanger avec une cuillère, vous empègueriez tout, imprimez plutôt un mouvement circulaire à votre casserole pour bien mélanger sucre et caramel de différentes couleurs tout au long de la transformation.

Empéguer : coller en occitan.

Une fois que vous avez une belle couleur caramel, ajoutez doucement, hors du feu, en faisant attention aux projections, une briquette de crème liquide, soit 20 à 25 cl.

Remettez sur le feu pour bien mélanger l'association crème et caramel, toujours avec le fameux mouvement circulaire.

Découpez le gâteau dans l'épaisseur. Soulevez délicatement le chapeau pour le mettre de côté. Versez le caramel encore chaud sur la tranche du dessous avant de replacer le chapeau. Là c'est prêt, c'est riche, mais c'est sacrément bon.

LES MODÈLES

LE GÂTEAU AU POT AUX POMMES ET PARFUMÉ À LA CANNELLE

Mettez à chauffer votre four à 180 °C (thermostat 6/7). Dans un saladier, réunissez notre base 1 322,5: le contenu de 1 pot de yaourt, 3 pots de yaourt de farine, 2 pots de yaourt de sucre, 2 œufs et remplacez l'huile par un 1/2 pot de yaourt de beurre fondu.

Ajoutez 1 cuillère à café de levure chimique et 1 cuillère à café de cannelle en poudre. Mélangez bien avec une fourchette ou un fouet pour obtenir une pâte bien lisse.

Beurrez généreusement votre moule. Recouvrez le beurre de farine. Enlevez l'excès de farine en tapant sur votre moule. Versez votre pâte dans le moule.

Pelez 2 pommes. Découpez-les en quartiers. Épépinez et déposez vos 8 quartiers, en les répartissant, sur le dessus du gâteau. Glissez au four.

Au bout de 30 minutes, si le gâteau commence à dorer, plantez un couteau pointu au milieu de la pâte. En le ressortant, si celui-ci est bien sec, votre gâteau est cuit. Sortez-le du four et patientez 15 minutes avant de le démouler. Laissez refroidir et dégustez.

Au bout de 30 minutes, si le gâteau commence à dorer, plantez un couteau pointu au milieu de la pâte. En le ressortant, si celui-ci est bien sec, votre gâteau est cuit.

SCÉNARIO AUTOUR D'UN FRIGO ET D'UN PLACARD

SCÉNARIO 6 L'HEURE DU GOÛTER

Et si je préparais un gâteau pour le goûter. Où ai-je mis mon pot de yaourt-mesure ? C'est quoi déjà le chiffre magique ? Ah oui, 1322,5. Mais je vais bidouiller un peu. Peut-être apporter un peu de vivacité à mon gâteau, une petite pointe acide.

Tiens, j'ai plus de yaourt ! Pas grave. Le yaourt c'est du lait. J'ai du lait.

Dans un grand saladier, à la place d'un yaourt je mets un demi-pot de lait, trois de farine, deux de sucre, deux œufs et un plein pot de crème liquide.

Ne pas oublier la levure chimique, une cuillère à café.

Je mélange pour obtenir une pâte lisse, mais pas plus.

Si je suis en hiver, j'ajoute deux cuillères à soupe de vinaigre de cidre, c'est une chose que font souvent les Anglais qui sont un peu des champions de gâteau pour le thé. Je pourrai encore ajouter, si j'aime ça, une cuillère à café de graines d'anis, c'est vif et ça change.

Si je suis pendant la saison des fruits rouges, je remplace mon vinaigre par une poignée de framboises, de cassis ou de groseilles.

Ne pas oublier de bien beurrer mon moule avant de le fariner. Une cuillère de farine, je fais tourner mon moule entre mes mains pour la répartir et la faire adhérer au beurre. Je jette l'excédent.

Je coule ma pâte.

Au four préchauffé à 180 °C, le temps qu'il gonfle et qu'il dore.

Pour vérifier la cuisson complète, je plante un couteau fin et pointu en son cœur, aïe, la lame ressort sèche, c'est prêt.

Je n'ai plus qu'à le démouler. Tiède avec une tasse de thé, c'est un super goûter.

Ne pas oublier de bien beurrer mon moule avant de le fariner.
Une cuillère de farine, je fais tourner mon moule
entre mes mains pour la répartir et la faire adhérer au beurre.
Je jette l'excédent.

PAR SOLIDARITE BOIS ISSU DE LA TEMPETE

ANNEXES

LES SAISONS DU POISSON

LES SAISONS DES FRUITS
ET LÉGUMES

LE LEXIQUE DES TERMES CULINAIRES

LA CUISINE EST COMME L'AMOUR

LES SAISONS DU POISSON

Nous sommes obligés aujourd'hui de tenir compte des ressources de la mer pour bien nous approvisionner en poissons. Les poissons pêchés trop petits, avant qu'ils aient eu le temps de se reproduire, sont à éviter. Parlez avec votre poissonnier pour apprendre à choisir les bons poissons à la bonne saison, c'est son métier de vous conseiller.

Les anchois

Malheureusement ces délicieux petits poissons sont de moins en moins abondants mais vous pouvez encore en trouver du printemps à l'automne en provenance de la Méditerranée.

Le bar

Pour les bars sauvages, la meilleure saison est de novembre à mars mais toute l'année vous pouvez trouver des bars d'élevage, bien moins chers.

La barbue

Présente toute l'année.

Le cabillaud

Magnifique poisson connu aussi sous sa version salée, appelé morue, ou juste séché, le stockfisch. Le cabillaud en provenance de Norvège où la pêche est bien gérée est à préférer.

Le chinchard

Ce petit poisson bon marché et abondant est à conseiller toute l'année.

Le congre

Présent toute l'année avec un creux mi-août. Sa chair est assez ferme, parfaite pour un braisage.

La dorade

De plus en plus souvent en provenance d'élevage, présente toute l'année, les sauvages sont plus abondantes en septembre et en novembre.

Le grondin

Un peu moins abondant en mai, juin et juillet, le grondin n'est pas très beau, mais délicieux.

Le hareng

C'est le poisson de l'hiver, gras à souhait. Braisé au vin blanc, c'est un poisson bon marché.

Le lieu jaune

Présent toute l'année, plus abondant en février et mars.

Le lieu noir

Deux saisons d'abondance : février et juillet-août.

La lotte (baudroie)

Présente toute l'année, elle connaît un pic en avril.

Le maquereau

Encore un poisson bon marché dont il faut profiter d'avril à septembre.

Le merlan

Pas la peine de le mettre en colère de novembre à avril (le merlan en colère est un merlan fariné, la queue fixée dans sa gueule et frit). C'est sa saison.

Le merlu

Mai et juin lui sont favorables.

Le mulet

Toute l'année chez le poissonnier, c'est un poisson bon marché qui peut être très bon si on arrive à contourner les arêtes.

La raie

Toute l'année.

Le rouget barbet

Il est délicieux mais contient peu de chair, c'est le poisson de l'été qui pousse sa saison jusqu'en novembre.

Les coquilles Saint-Jacques

Bien gérée par une pêche organisée, la Saint-Jacques fraîche, de loin la meilleure, est autorisée d'octobre à début mai.

La sardine

Le poisson des grillades de mai à septembre, délicieux braisé et en beignet.

Le saumon

Vive l'élevage et sa production à flux tendu. Même s'il est un peu plus cher, choisissez le saumon bio, moins poussé comme un poulet de batterie que ses congénères et bien meilleur.

La seiche

C'est mieux en automne et en hiver, de septembre à janvier.

Le tacaud

Un poisson de rien, pas cher, délicieux si très frais, particulièrement abondant en janvier et février.

Le thon blanc

Le thon est trop cher et trop rare. Choisissez le thon albacore.

Le tourteau

De juin à septembre, il est abondant et pas si cher pour une chair divine. Pas plus de six minutes dans une grande casserole d'eau bouillante très salée et laissez refroidir dans son eau de cuisson.

La truite

C'est de l'élevage, donc toute l'année.

LES SAISONS DES FRUITS ET LÉGUMES

Manger des tomates en hiver, des asperges en septembre ou des fraises en février a quelque chose d'incongru, d'à contretemps et d'inélégant.
Les légumes et les fruits les meilleurs et les moins chers sont ceux qui poussent avec facilité, au moment où la nature a tout fait pour qu'ils s'épanouissent le mieux. Le pire, avec nos techniques de productions très industrialisées, même en saison, c'est qu'une tomate avec ses centaines, voire ses milliers, de kilomètres en chambre froide, n'a toujours pas de goût. Essayez de trouver de petits marchés populaires ou des marchands au panier qui vous proposent des légumes et des fruits de leur production. Et non, ce n'est pas forcément plus cher!
Auprès d'un producteur, vous ne trouverez que des légumes de saison, appliquez donc toujours la même règle: parlez avec votre maraîcher, il a beaucoup de conseils et d'idées à vous donner.
Nos indications sur les périodes d'achat ne sont que des indications, variables suivant les régions et les conditions climatiques qui diffèrent chaque année.

LÉGUMES RACINES

La carotte
Il existe deux manières de cueillir et de consommer les carottes. Celles dites « nouvelles », souvent vendues en botte avec fanes, sont récoltées et aussitôt vendues de mai au cœur de l'été. Celles dites « de conservation » sont récoltées à leur développement maximal juste avant les gelées et conservées en chambre froide ou en silo. Elles sont en général moins chères que les nouvelles.

Le navet
Nouveau ou de conservation, on le trouve aux mêmes périodes que les carottes.

La betterave rouge
Elle est presque présente toute l'année. Une betterave rouge fraîchement sortie du sol est d'un goût bien meilleur.

Le panais
Racine d'hiver par excellence, vous le trouvez de l'automne à la fin de l'hiver.

Le radis
C'est un légume qui pousse facilement car il est demandeur en eau et en chaleur. On trouve le meilleur radis au printemps et au début de l'automne.

Le salsifis et la scorsonère
Légumes d'hiver, de septembre à février.

Le topinambour
Légume d'hiver, de septembre à février.

Le céleri-rave
C'est plutôt un légume d'hiver mais on le trouve dès le milieu de l'été et il est délicieux.

Le chou-rave
Il est formidable du milieu de l'été jusqu'aux premières gelées.

LÉGUMES TIGES

La carde et la blette
Tout l'été et l'automne, on les trouve aussi en hiver dans les régions sans gelée.

L'asperge
C'est le légume du printemps par excellence, d'avril à juin.

Le céleri branche
Du milieu de l'été aux premières gelées. On peut le trouver en hiver, conservé en chambres froides.

Le cardon
Délicieux légume de l'automne et du début d'hiver.

LÉGUMES FEUILLES

L'épinard
Présent de l'automne au printemps, suivant les gelées.

La tétragone
Le légume feuille de l'été.

Le fenouil
Légume estival, présent jusqu'à l'automne.

Les choux
C'est simple, les gros pommés, denses, frisés, rouges ou lisses sont les choux de l'automne et de l'hiver. Les pointus moins serrés et aux feuilles plus fragiles vont de la fin du printemps à l'été.

Le chou de Bruxelles
Un vrai chou hivernal.

La mâche ou doucette
Même si nous en trouvons aujourd'hui toute l'année, on la trouve au printemps et à l'automne.

La salade
Naturellement classées en salades d'hiver, d'été ou de printemps suivant leur résistance au froid. Les laitues aiment le chaud, les frisées et chicorées résistent plus au froid.

L'endive
Une vraie salade d'hiver car elle pousse à l'abri de la lumière et du froid.

Le poireau
Il y a le poireau d'été, plus fragile et moins épais, et le poireau d'hiver fait pour être conservé malgré le froid hivernal.

L'oignon
De nombreuses variétés se trouvent toute l'année suivant leur temps de pousse et leur capacité à la conservation.

LÉGUMES FRUITS ET FLEURS

La tomate
La vraie saison de la tomate dure à peine quatre mois, de juillet à octobre. Le reste, c'est de l'industrie.

L'aubergine
Au cœur de l'été, un point c'est tout.

Le poivron
De juillet à octobre, à un autre moment c'est bizarre.

La courgette
De fin mai aux premières gelées.

Le concombre
Tout au long de la belle saison.

Le melon
Quand il fait chaud, point.

Le chou-fleur et le brocoli
De la belle saison jusqu'aux gelées. La saison est plus longue pour les régions sans gelées.

LÉGUMES GRAINES

Le maïs
Fin de l'été.

Le haricot vert
Tant qu'il fait beau.

Le haricot demi-sec
De la fin de l'été à l'automne, mais il sèche et se conserve longtemps.

Le petit pois
Printemps, printemps, printemps.

QUELQUES FRUITS

La pomme
Du milieu de l'été au début du printemps. La maturité est une science qui suit les variétés et leur capacité à mûrir en fruitier.

La poire
Comme la pomme. Pomme et poire de l'autre bout du monde sont toujours quelque chose dont il faut se méfier.

La fraise et la framboise
Au printemps et au début de l'été ; en automne pour les remontantes.

La pêche et le brugnon
Du milieu de l'été à septembre.

L'abricot
Délicat, trop souvent ramassé avant maturité, amoureux des pleines chaleurs, sa saison c'est l'été, sacrebleu.

L'orange, la clémentine
Hiver.

Le raisin
À la saison des vendanges

LEXIQUE DES TERMES CULINAIRES

Abaisse : c'est le nom d'une pâte à tarte étalée.
Ail en chemise : c'est la gousse d'ail qui n'a pas enlevé sa chemise, qui a gardé sa pelure, sa peau, sa membrane protectrice.
Appareil : c'est le mélange d'éléments liquides destinés à garnir une tarte ou faire un gâteau.
Aromates : substances végétales d'une odeur pénétrante employées en cuisine : cannelle, cédrat, laurier, thym, vanille, écorce d'orange et de citron, muscade, poivre, etc.
Barder : avec une barde (morceaux gras de porc entourant un rôti) on protège le morceau de viande de la violence de la première chaleur et on nourrit sa cuisson.
Blanchir : c'est l'action de plonger un produit dans de l'eau bouillante pendant quelques secondes avant de l'égoutter et de commencer sa cuisson proprement dite. Blanchir sert à l'attendrir, le nettoyer ou le débarrasser d'un excès de sel.
Brunoise : gros cubes de légumes (+ de 5 mm de côté).
Carré : c'est l'ensemble des côtes d'un animal cuites ensemble, sans avoir été séparées en côtelettes.
Cheminée : c'est le petit trou au sommet du couvercle d'une tourte.
Chutes : ce sont des restes, de petits à-côtés de préparation.
Condimenter : c'est ajouter des condiments, de l'assaisonnement ; c'est une préparation qui ajoute du goût et des parfums.
Cul-de-poule : ce n'est pas sale, c'est un saladier ou un récipient en inox au fond tout rond.
Déglacer : c'est dissoudre les glaces d'une cuisson en ajoutant un liquide. Déglacer sert à faire un jus : comme des sucs ont accroché au fond de la casserole, on ajoute un peu de liquide (eau, vin, bouillon) en fin de cuisson pour les dissoudre.
Dorer la pâte : badigeonner un dessus de tarte avec du lait ou un œuf battu pour lui permettre de dorer à la cuisson.
Écumer : retirer avec une écumoire les éléments pas très jolis qui surnagent à la surface d'un bouillon en début de cuisson.
Écumoire : ustensile de cuisine en forme de cuillère plate avec des trous, destiné à enlever l'écume d'un plat.
Émincer : découper en fines tranches.
En pommade : le beurre est dit « en pommade » quand, une fois malaxé, sa consistance est souple et facilement étalable.
Faire revenir : c'est l'opposé de faire suer. On utilise le feu vif et les couleurs des aliments deviennent vives.
Gratiné : c'est le dessus d'un plat cuit au four qui prend des couleurs mordorées sous l'action de la chaleur. Le gratiné peut être croustillant, développant des goûts de légèrement trop cuit, trop surpris par la chaleur.
Faire suer les légumes : pour cuire des légumes dans une matière grasse, vous pouvez le faire à feu doux pour les rendre translucides (c'est les faire suer), ou à feu plus fort pour les surprendre et légèrement les colorer (c'est les saisir).
Faire tourner la sauce : une sauce tourne quand se désunissent liquide et petites particules. Ce n'est pas beau, donc moins bon.
Fond : un fond de tarte, c'est ce qui est au fond de la tarte, c'est donc la pâte, cuite en générale.
Garniture : ce qui remplit la tarte.
Garniture aromatique : des légumes pelés et coupés en petits morceaux ajoutés pour aromatiser et parfumer une cuisson.
Julienne : légumes découpés en minces lanières.
Lier : se dit d'un jus et d'une sauce auxquels on ajoute un élément, comme du beurre ou de la farine, pour les unifier, les lisser et les rendre enrobants.
Maryse : spatule en silicone.
Maturer : une viande maturée est une chair que le boucher a eu l'intelligence de faire patienter, au moins une semaine, pour lui permettre de se détendre et de gagner en tendresse.
Mirepoix : tout petits cubes de légumes (- de 5 mm de côté).
Mixeur plongeur : c'est un petit appareil électrique, muni d'un moteur et d'une hélice que l'on prend dans la main et qui permet de broyer des produits cuits.
Mouiller : c'est ajouter du liquide à une cuisson.
Moule à manqué : sorte de moule à tarte aux rebords lisses de 4 à 5 cm de hauteur
Napper : se dit d'une sauce qui recouvre, enveloppe, les morceaux d'un plat.
Oreillons : des moitiés de pêches ou d'abricots dénoyautés.
Parer/parures : parer vise à retirer d'un morceau de viande les parties grasses et les tissus durs pour ne garder que la chair tendre. Les parures sont ces morceaux retirés par le boucher (gras, tissus, tendons, os) et qu'on ajoute à la cuisson du rôti afin de favoriser la formation de sucs pour faire du jus.
Passer : filtrer un bouillon, une sauce, une soupe qui demandent à être très lisses.
Peler à vif : c'est peler, découper, sans laisser la peau des membranes.
Petits bouillons : c'est une légère ébullition. Juste un petit bloublou qui maintient le liquide dans une cuisson douce.
Récipient inoxydable : c'est un récipient de cuisson fait d'un métal qui ne subira pas les attaques de l'oxygène de l'air, par opposition à une casserole en aluminium par exemple.
Réduire : se dit d'une sauce ou d'un jus que l'on fait cuire pour leur permettre de se concentrer sous l'action de l'évaporation.
Saisir : le rôti saisi doit être surpris par la chaleur de la matière grasse, comme des jeunes gens sont émerveillés par l'intensité d'un premier baiser. Cette surprise entraîne bien sur une légère coloration, emprisonnant les jus.
Singer : on singe quand on ajoute une cuillère de farine à de la viande saisie pour que la sauce soit liée après l'ajout de liquide.
Sole (pizza) : c'est le bas d'un four à pain, la partie d'où vient la chaleur.
Sot-l'y-laisse : petit morceau sur la carcasse des poulets (en dessous) que les couillons oublient de manger.
Travailler : battre un appareil afin de le rendre homogène.
Trottoirs : les bords de la tarte.
Cuire à blanc : une pâte à tarte cuite sans garniture.
Zeste : écorce de l'orange ou du citron prélevé pour ses principes odorants.

LE MOT DE LA FIN

LA CUISINE EST COMME L'AMOUR

La cuisine est comme l'amour, elle s'invente tous les jours, portée par beaucoup de tendresse et de désirs de partage. La cuisine, ce n'est ni de temps en temps, ni très compliqué et c'est tellement agréable à faire.

Maintenant que vous avez en mains ce *Manuel de cuisine populaire*, vous êtes armés.

Armés pour inventer votre nourriture quotidienne, qui n'est pas forcément une contrainte, mais une manière simple et économique d'apprendre, de choisir et de se préserver. Armés, bien sûr, pour des repas de fêtes lors desquels votre imagination pourra s'exprimer pour le plaisir de vos proches.

Mais ce *Manuel de cuisine populaire* est bien plus qu'un livre de cuisine. C'est un manifeste pour une cuisine populaire dans laquelle le choix de chacun, ses goûts et ses envies sont plus importants que les modèles standardisés d'une époque ultralibérale. Oui, les tomates du mois d'août et d'un petit producteur (pas à la mode) sont meilleures et moins chères que les productions de décembre de l'agro-industrie. Oui, la viande de mon boucher de quartier, bien choisie et à la bonne saison, est meilleure et moins chère que celle de la grande distribution. Car la cuisine, telle que la raconte ce manuel, est une arme pour la vie de la cité, pour notre vie dans la cité.

Inutile de le brandir, ce n'est pas sa fonction, préférez l'abîmer à force de le parcourir pour y chercher les bases ou la structure de votre prochaine réalisation culinaire. Ne vous laissez plus impressionner par les livres de cuisine, utilisez celui-ci pour faire votre propre cahier de cuisine, saturé par les ratures, les tâtonnements et les variations fantaisistes qui fonderont votre cuisine. La cuisine que vos amis, vos enfants, vos parents, garderont en souvenir comme de jolis moments si incarnés, si personnalisés.

Une vie gourmande, faite de plaisirs et de connaissances, au cours de laquelle les divertissements culinaires de la télé ne sont pas la réalité de la cuisine, comme les films pornographiques ne sont pas la réalité de l'amour.

Éric Roux

CARTE POSTALE

Cuisiner c'est avant tout donner, partager et faire plaisir !
Attachée à ces valeurs, Ferrero France a rendu possible la publication de cet ouvrage.

FERRERO

Cet ouvrage a été achevé d'imprimer en novembre 2010
sur les presses de
l'imprimerie Chauveau à Chartres (France)

Dépôt légal : novembre 2010